日経文庫

NIKKEI BUNKO

# ファシリテーション入門〈第2版〉

堀 公俊

日本経済新聞出版

# はじめに

組織のパワーを最大限に発揮させてみたいと思いませんか。

「日本人の労働生産性が低い」といわれるようになって久しいものがあります。ところが、一人ひとりはとても勤勉で、真面目に一所懸命に毎日働いています。生産性が低いとしたら、個人ではなく組織の問題だと言わざるをえません。個人が持つ力が組織のなかで十分に発揮できていない。あるいは、発揮した力がうまくかみ合っていないのです。

会議を例にすると分かりやすいでしょう。そのための資料づくりを含め、膨大な手間と時間を費やす割には、成果としては心もとないものがあります。重大な問題を山のように抱えているにもかかわらず、本質的なことは議論されず、なし崩し的に物事が進んでいきます。組織全体を見渡しても、形骸化と硬直化が著しく、個人の閉塞感は高まるばかりです。社会全体に生活習慣病が蔓延しているのが、超高齢化大国・日本の現状ではないでしょうか。

だからといって、被害者面をして他人事のように傍観していたのでは、問題の片棒を担ぐだけになります。自分も問題の一部であると認め、なにかの行動を起こさないといけません。少しずつ温度が上がる湯から出られずに死んでしまう、「ゆでガエル」になってしまいます。

勇気を出して声をあげれば、必ず応援してくれる人が現れます。そんな人たちのパワーを結集すれば、いずれ大きな力になります。人と人の相互作用を高めれば、組織のなかで眠っていたパワーを引き出すことができます。その醍醐味を味わったら、もはや後戻りはできません。

これから紹介するファシリテーションは、協働による問題解決を促進する技術としてアメリカで生まれました。会議の効率化はもとより、人と組織を活性化させ、社会変革をも引き起こす力を持っています。グローバルな自律分散社会を迎えて「二一世紀でもっとも重要なスキル」と呼ばれており、現代人の必須スキルだといっても過言ではありません。

本書では、多彩なファシリテーションの技法や応用のなかで、すべての活動の基本となる「話し合い」(会議)のファシリテーションに焦点を当て、理論と実践スキルを紹介していきます。最新の知見を盛り込むため、当該分野の標準テキストとなった第一版をあえて全面的にアップデートし、旧版を読まれた方も楽しめるよう、まったく新しい本としてリニューアルしました。本書が、人・組織・社会の問題解決の一助となれば幸いです。

二〇一八年八月

堀　公俊

# ファシリテーション入門　目次

## 第2章　発展するファシリテーションの応用分野　39

## 第3章 場のデザインのスキル——場をつくり、つなげる

# 第4章　対人関係のスキル――受け止め、引き出す

## 第6章 合意形成のスキル――まとめて、分かち合う

［COLUMN］

# 第1章

# 協働を促進するファシリテーションの技術

# 1 従来型のリーダーシップとマネジメントの限界

## 組織による問題解決が硬直化している

今、私たちは、日々さまざまな問題に直面しています。問題が高度化・複雑化する一方であり、一筋縄では解決できない問題に悪戦苦闘を繰り返しています。

多くの問題はひとりでは太刀打ちできず、さまざまな知恵や経験を持った方々の手を借り、衆知を集めることで解決を図ろうとします。特に、多くの要因が複雑に絡み合う問題となると、関係する人々が力を合わせないと解決策が見出せません。

ところが、集団（組織）で問題解決をするというのは、口で言うほど簡単ではありません。典型的なのが会議です。「アイデアが出ない」「話がかみ合わない」「意見がまとまらない」という声があちこちで聞かれます。組織全体を見ても、「プロジェクトが進まない」「風通しが悪い」「人材が育たない」「イノベーションが生まれない」といった話が山のようにあります。ましてや、大企業病が蔓延する硬直化した組織を変えるとなると、至難の業です。

こんなとき、多くの方は「人」に着目します。組織とは人の集まりだからです。リーダーやメンバーの能力や意識を変えれば（あるいは優秀な人に替えれば）、問題が解決できると考えます。目まぐるしく変化する環境に個人の能力が追いついておらず、そのために組織が機能不全に陥っていると思うのです。

この考え方は間違いではありません。でも、それだけで本当にうまくいくのでしょうか。

戦略思考、ロジカルシンキング、創造性開発、コミュニケーション、意思決定力といった、ビジネスパーソンが持つスキルは格段にレベルアップし、もはや当たり前のものになりました。コーチングをはじめ、個人の能力ややる気を引き出す技法もかなり普及しました。それでも先ほどのような問題は、増えることはあっても減る傾向にありません。組織の失敗を、個人に帰するのではなく、もっと違ったアプローチはできないものでしょうか。

## 行きづまりを見せる社会の問題解決

このような話は、ビジネス界に限らず社会のあちこちでも見受けられます。

身近なところでいえば、コミュニティの問題があります。地方分権の時代を迎え、市民自らが参加する「市民協働のまちづくり」が日常的に進められるようになりました。市民が自発的に集まり、自分たちの問題を自分たちで話し合って解決をしていくのです。

ところが、実際にこれをやるとなると、並大抵の話ではありません。同じ地域に住むとはいえ、年齢や職業も違えば、生活文化や価値観も違います。互いの考え方の枠組みがぶつかり合うばかりで簡単には前に進みません。下手をすると深刻な対立に発展して、地域の分断につながりかねません。市民の知恵とエネルギーをつむいでいくノウハウが十分に育っていないのです。

ましてや、エネルギーや安全保障といった日本全体に関わる問題となると、合意形成は困難を極めます。手前勝手な情報をもとに、声高に意見を主張するだけでは埒(らち)があきません。多様な議論を通じてコンセンサスが築けないと、せっかくの民主主義のシステムが機能しません。

もうひとつ身近な例として、学校教育の問題を取り上げましょう。近代的な学校制度が始まって以来、均質な集団に対して画一的な授業をおこない、一方的に知識を与えるのが学校教育の姿でした。しかしながら、社会環境が大きく変化する今、生徒の学習意欲と個性を喚起し、目まぐるしく変化する社会のなかで、自律的に生きていく力を育てていかなければなりません。さらには、多様な人たちと協働しながら、一緒に問題解決ができる地球市民を育成していかなければ、学校教育の使命が果たせません。

そのためには、教育に対する考え方や授業での教え方そのものを変革しないと、期待する効果が得られません。学習という共通の目標に向けて協働するためのプロセス改革が必要となります。こういった問題の解決には、どんなアプローチが適しているのでしょうか。

## 「個」から「相互作用」へ

組織とは人の集まりであると同時に、人と人が織りなす**相互作用**の束と見ることもできます。それがもうひとつのアプローチの基本となる考え方です（図表1－1）。

人は、ひとりのときと集団のなかでは振る舞いが違います。常に他のメンバーの思考、感情、発言、行動から影響を受け、同時に相手にも影響を与えます。それらが複雑に作用し合い、相互に影響を与え合っているのが組織のもうひとつの姿です。しかも、相手との人間関係や場の状況に応じてどんどん変化します。これらを**グループ・ダイナミックス**と呼びます。

いくら個人が素晴らしい能力と意識を持っていても、相互作用がうまく働かないと、組織として十分な力が発揮できません。そのことは、スポーツのチームを見れば一目瞭然です。エース級の個人技を持ったメンバーをそろえても、あっけなく負けることがあるのがスポーツの世界です。チームワークが機能しないと、メンバーの力がひとつにならないのです。

図表1-1　2つのアプローチ

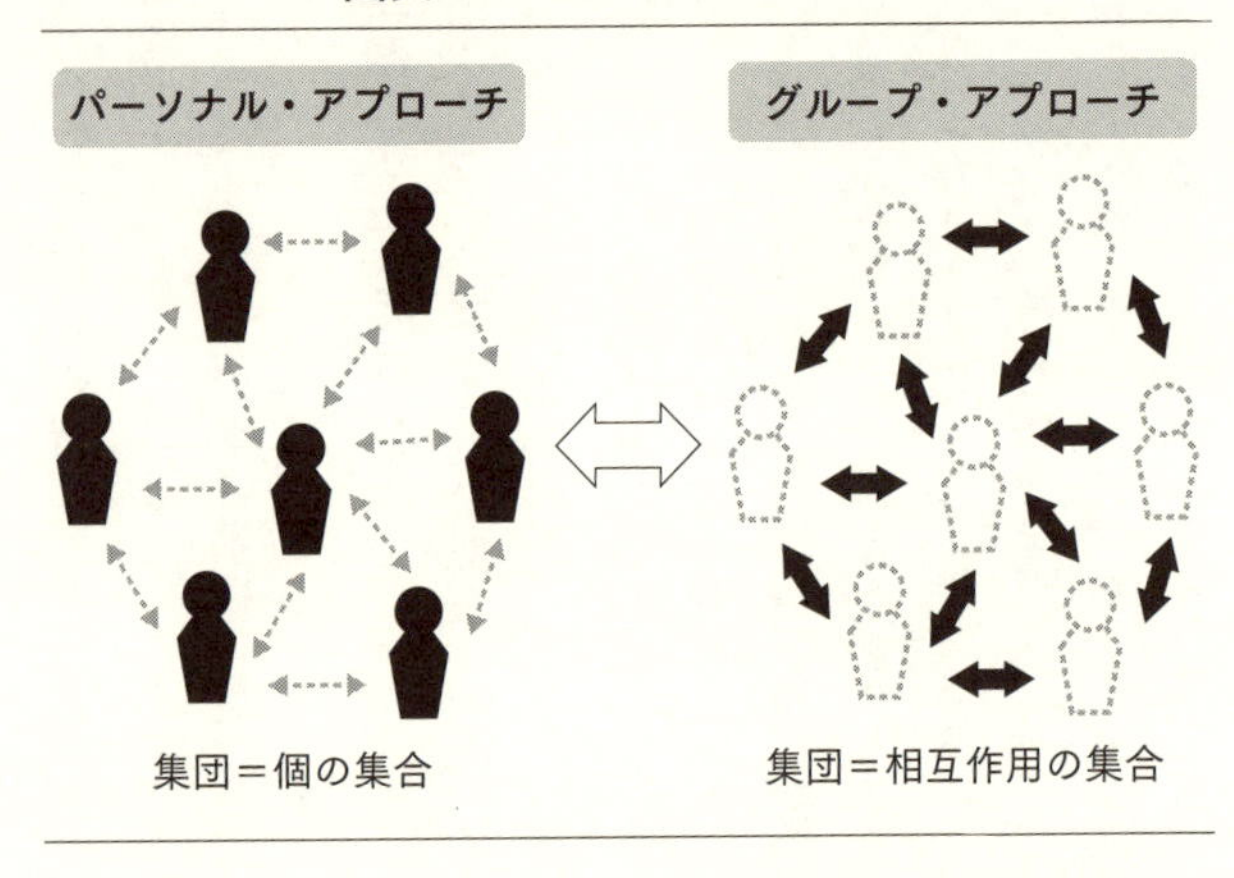


相互作用には功罪の両面があります。ここでも会議を例にしてみましょう。ひとりが思いつきでアイデアを口走りました。それに、面白がった他の人がアイデアをつけ足し、また誰かがひねりを加えました。そうやっているうちに、ある人が予想外の斬新なアイデアをひらめき、みんなビックリ。相互作用によって共振現象が起こったのです。これを**創発効果**と呼びます。

ところが、大人数だと発言しづらく、アイデアを出すのを躊躇(ためら)ったり、遠慮して発言できないことがあります。ひとりが次々とアイデアを出すと他の人は発言する機会が奪われ、「あいつに任せておけばいい」「便乗してしまえ」とばかり、みんなで担ぐはずの御神輿(おみこし)にぶら下がる人も出てきます。生産性低下、自己規制、手抜きといった悪い影響が出てしまったわけです。

優れた問題解決のためには個の力を高めることは必要です。しかしながら、それだけでは十分ではなく、相互作用を最大限に高めなければいけません。ともすれば、比較的とらえやすい個にばかり目を奪われ、複雑に絡み合う相互作用への働きかけを忘れがちになります。だから、集団による問題解決が思うようにいかないのです。

## ふたつのアプローチを循環させる

個への働きかけ（パーソナル・アプローチ）と相互作用への働きかけ（グループ・アプローチ）、どちらか一方が正しいわけではありません。

**集合知**（集団が持つ知恵）を生み出すにはふたつの条件が必要です。ひとつは、理性的に考える個の存在です。物事を深く考えず直感的に判断する人が集まっても、集合知は生まれてきません。論理的かつ創造的に思考する人が対話するからこそ、高い相互作用が期待できます。

もうひとつは、一人ひとりが独立して話し合える関係性です。遠慮してなにも言えなかったり、権力者や多数派に同調したのでは、その人はいないも同然です。健全な相互作用があってはじめて個の力が引き出せます。

群れをつくり生活する人間は、常に人と人の相互作用のなかで生きています。今この状況のなかで考え振る舞っているのが自分であり、なにが本当の自分なのか、本人もよく分かりません。個が相互作用をつくると同時に、相互作用が個をつくるからです。

たとえば、自ら個を変えようとしても、今の自分を手放すことへの恐れと不安が生じて、二の足を踏んでしまうことがあります。だからといって、頭ごなしに「べき論」を押しつけられると、余計に反発したくなります。

ところが、他者の期待や応援があれば、応えようと思います。他の人を見て、変わっても大丈夫だと分かれば、トライする気になります。ひとりでは難しくても、誰か（みんな）と一緒なら変わる勇気が湧いてきます。勇気ある行動を褒めてもらえれば、余計に変わりたくなります。相互作用を活用することで、思考や信念が変わりやすくなるのです。

個が変われば相互作用が変わる。相互作用が変われば個が変わる。こうやってふたつのアプローチの良い循環をつくれば、チームの力は最大限に高まります。これが、本書で紹介する「ファシリテーション」のベースにある考え方なのです。

## 2　プロセスを舵取りするファシリテーター

### 集団による知的相互作用を促進する

ファシリテーション（facilitation）を一言でいえば、「集団による知的相互作用を促進する働き」のことです。

facilitation の接頭辞である facil はラテン語で easy を意味します。「容易にする」「円滑にする」「スムーズに運ばせる」というのが英語の原意です。人々の活動が容易にできるよう支援し、うまくことが運ぶようにするのがファシリテーションなのです。

社会的動物である人間は、同じ目的を持った人々と力を合わせることで、ひとりではできないことを成し遂げていきます。そのために組織をつくり、協働という名の相互作用を通じて知識を寄せ集め、共通の目的を達成していきます。

そういった、集団による問題解決、アイデア創造、合意形成、教育・学習、変革、自己表現・成長など、あらゆる知識創造活動を支援し促進していく働きがファシリテーションです。

図表 1-2　コンテンツとプロセス

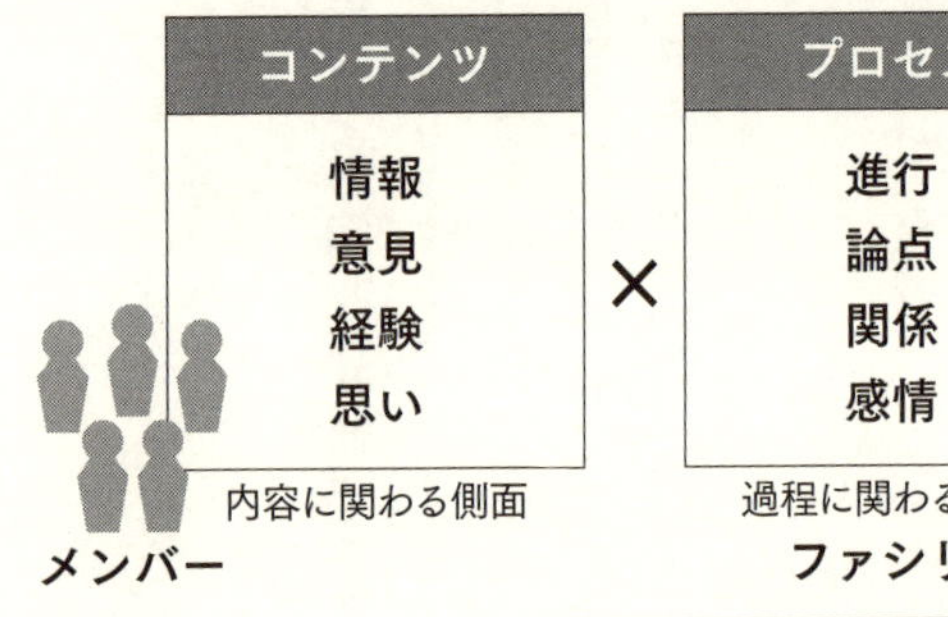


またその役割を担う人が**ファシリテーター**であり、日本語では「協働促進者」または「共創支援者」と呼びます。プラスの相互作用を高め、マイナスの相互作用を抑え込むのが仕事です。

ファシリテーションの最大の特徴は、コンテンツではなく、プロセスを舵取りするところにあります（図表1－2）。会議でのファシリテーションを例に説明してみましょう。

そもそも会議とは、話し合いを通じて、優れた問題解決と高い納得感を得るための方法です。ところが、理想とは程遠く、時間のムダとしか言いようのない会議が山のようにあります。かみ合わない議論が続いた上に、堂々巡りの水掛け論に陥る。なにが決まったのか決まっていないのかよく分からないのに、話だけはお構いなしに進んでいく。まさに「会して議せず、議して決せず、決して行わず、行わずして責を取らず」です。

**プロセスでリーダーシップを発揮する**

では、なぜこんな情けない状況に陥ってしまうのでしょうか。

優れた結論を得るには、情報、意見、経験、思いなどの、結論を形づくる上で材料となる**コンテンツ**（内容、中身）を集めなければなりません。ところが、いくら良い材料がそろっても、料理のやり方がまずいと味が台無しになります。進め方、論点、関係、感情といった**プロセス**（進行、過程）も忘れてはならない要素です。両者の掛け算で会議が成り立ちます。

しかし、ふたつを同時に考えるのは大変であり、大抵はプロセスが忘れられがちになります。実際、先ほど挙げた会議の問題点はプロセスに関するものばかりです。プロセスが十分に機能していないため、相互作用がうまく働かず、会議が踊るわけです。

これが分かっていればやり方は簡単です。チームのなかでプロセスに専念する人、すなわちファシリテーターを置いておけば、残りのメンバーは心おきなくコンテンツに集中できます。そうすることで、活動のイニシアティブをとりながらも、結論に対する主体性をチームに持たせられます。

ファシリテーターは、プロセスでリーダーシップを発揮するのであって、話し合いの結論を決定する、コンテンツのリーダーではありません。コンテンツの決裁者がプロセスもリードしてしまうと、独断専行に陥りがちになり、衆知が集められなくなってしまいます。参加者の納得感が得られず、決まったことへの当事者意識やモチベーションも高まりません。

かといって、ファシリテーターは単なる司会者ではありません。予定調和的に話し合いを進めるのではなく、時々刻々と変わる相互作用を舵取りしながら、チームの力を最大限に引き出し、多様な人々の思いをカタチにしていきます。その場に参加しているメンバーの自律性を育み、優れたアウトプットを臨機応変に生み出していくのです。

### 自律分散型組織と支援型リーダー

では、なぜ今ファシリテーションが注目を浴びているのでしょうか。組織や社会のガバナンス（統治）の進展を見れば、理由が浮かび上がってきます（図表1－3）。

創業時のベンチャー企業のような未成熟な組織では、トップが強いリーダーシップを発揮するのが効率的な運営となります。リーダーとメンバーとの知識や経験の差が圧倒的にあり、メンバーの育成に時間を要するからです。リーダーに情報と権限を集中させ、その判断に基づい

**図表 1-3　組織を動かす3つの働き**

| | ヒエラルキー型 | | 自律分散型 |
|---|---|---|---|
| | **先導型**<br>リーダーシップ | **管理型**<br>マネジメント | **支援型**<br>ファシリテーション |
| 上位者の役割 | 組織の方向づけをする | 目標を達成するシステムをつくる | 場(関係性)を築き協働を促進する |
| 下位者の役割 | モチベーションを高める | 与えられた役割を全うする | 自律的に問題解決を図る |
| 人を動かす手段 | ビジョン・戦略（What） | 計画・構造（How） | 意味・関係（Why） |
| 組織の考え方 | 意思決定のピラミッド型の連鎖 | | 知的相互作用のネットワーク |
| コミュニケーション | 権威的・官僚的 | | 民主的 |
| 組織システム | 専制的・固定的 | | 流動的 |
| 適用環境 | 大きな変化が必要なとき | 組織が安定状態にあるとき | 絶え間ない変化が必要なとき |

て行動するのは、とても理にかなったやり方です。これを**先導型のリーダーシップ**と呼びます。

ところが、これでは大きな問題や難度の高い問題に対処できません。高度で多様な専門知識が必要となり、いくら優れたリーダーでも、すべてを身につけるのが難しくなるからです。適切に役割と権限を分割した上で、制度やルールなどの決まり事を使って組織を運営するのが望ましい姿です。リーダーには、ピラミッド型組織を的確にマネジメントする、**管理型のリーダーシップ**が求められます。

その背景にある考え方が要素還元主義（機械論）です。

では、これからの時代はどうなるでしょうか。問題は複雑化する一方で、単純に部分を足し合わせても全体になりません。しかも、環境変化のスピードが速く、ピラミッド組織のなかで伝言ゲームをやっていたのでは間に合いません。メンバーの価値観やライフスタイルが多様化し、ひとつの正解を見出すことが困難になってきています。

そんな時代では、強いリーダーシップも緻密なマネジメントも通用しません。一人ひとりがそれぞれの持ち場でイニシアティブを発揮していかなければ組織は動きません。上位の者が決定し、下位の者に命令や動機づけをするのではなく、問題の当事者同士が一堂に集まり、自律的に問題解決をしていく。環境変化のなかで、自分や組織の意味を問い直し、互いに協調しながら主体的に行動する。そんな社会構成主義（生命論）的な考え方が求められます。

リーダーの役割は、**自律分散（ネットワーク）型組織**をつくり、自発的な活動を促進する**支援型のリーダーシップ**に比重が置かれることになります。環境変化に応じて、人やチームが持つ調節制御のネットワークを柔軟に組み替えていく。メンバー一人ひとりがリーダーシップを発揮できる場をつくっていく。そんな黒子（演出家）的なリーダーが必要なのです。

## 現場のパワーをいかに引き出せるか

特にこれからの時代、現場の力をいかに引き出せるかが、組織活動の生命線になってきます。将来を見通すことが難しくなると、未来の予兆を現場で素早くキャッチして、現場で判断して行動を起こさなければなりません。一人ひとりがなすべきことを考え、関係する人々を巻き込み、その連鎖で組織全体を動かしていく必要があります。環境変化のなかで、自分や組織の意味を問い直し、現場が自律的に行動することが求められます。

そのためには、組織の方向性や価値が共有され、環境に対する認識が正しくなされ、メンバー間の相互理解が進んでいることが前提となります。そうすれば、自律分散的に活動をしても、おのずと統一の取れた方向に組織は動いていきます。

それに、私たちが持てる人的資源には限りがあります。人口減少社会となった日本では、今ある資源をどう活用するかが、これからの最大の課題となります。繰り返しになりますが、一人ひとりの能力とやる気を発揮させるポイントは相互作用にあります。ファシリテーションを活用できる組織こそが、生き残っていけるといっても過言ではありません。

ただし、いくらファシリテーションが時代に合っていたとしても、それだけで組織を動かすのは無理があります。組織の要になる人間は、三種類のリーダーシップのスキルを身につけ、組織の状態やタスクに応じて使い分けていかねばなりません。

　たとえば、大きな変革を起こす際に、ぬるま湯に浸るメンバーの心に火をつけるのは先導型の強いリーダーシップです。さらに、自発的な変革チームを立ちあげ、ファシリテーションでひとつに束ねて支援します。その上で、合意したことを現場に落とし込み、きっちりとマネジメントして成果に結びつけていきます。そうやって三つを有機的につなげないと組織は変わりません。

　組織がどんな状況に置かれているのかによっても、適切な運営の仕方が違います。組織が未成熟なときや、環境が激変するときは強いリーダーシップ。組織が安定的に成長しているときは緻密なマネジメント。変化が絶え間なく起こる、不確実で不透明なときはファシリテーションが適しているといわれています。多様なスタイルを組み合わせる知恵が求められているのです。

**和魂洋才の知恵が求められる**

　ファシリテーションの考え方は、コンセンサスを大切にし、ボトムアップの文化のある日本の組織風土に合っていると、多くの人が思っています。ところが、和を尊ぶ日本的なリーダーの延長線で考えると、ファシリテーションが持つ良さが活きてきません。

組織と聞いて私たちが思い描くのは、同質性の高い**ハイコンテクスト**な人たちの集まりです。同じ考え方や価値観を持った人でチームを組み、みんなのために個を捨てて頑張る姿です。できるだけ「みんな同じ」になるよう、人と人の間を取り持つのがファシリテーターの役割となります。同じであれば、「話さなくても分かる」ので、空気を読んで互いに察し合うのがコミュニケーションスタイルとなります。

一方で欧米生まれのファシリテーションは、自律した個が形づくる、多様性の高い**ローコンテクスト**な集団をもとに考えられたものです。価値観や考え方の枠組みが「みんな違う」のが前提です、「話さないと分からない」からこそ、言葉でやりとりして、分かり合う努力を常にしていかなければいけません。多様な人たちが、オープンにフェアに話し合うからこそ、大きな相互作用が生まれてきます。

これから私たちに求められるのは、お得意の和魂洋才の知恵です。集団を大切にする日本人の良さを活かしつつ、多様性が織りなす相互作用を最大限に引き出していく。それこそが、混沌とするグローバル社会に生きる私たちに求められるリーダーシップではないでしょうか。

## 3　ファシリテーションがもたらす三つの効果

### 相乗効果を活かし、高い成果を生み出す

ここで、ファシリテーションがもたらす効果を整理してみましょう。大きく分けて三つあります。一つ目は、メンバーの**相乗効果**（シナジー）を発揮して、高い成果（アウトプット）が生み出せることです。

問題が高度化すればするほど、複数のプロフェッショナルが集まって議論しないと解決策が見出せません。医療、福祉、教育などの分野で進められている**多職種連携**はそのためにあります。ビジネスにおいても、定常組織の枠を越え、部門横断的なプロジェクトやタスクフォースで仕事をする機会が増えてきました。

どれだけ優秀な人であっても、ひとりが持つ知識や経験には限りがあります。複数の人が集まるからこそ、豊かなコンテンツが結集できます。多様な人が議論すれば、ヌケモレのない視点で検討でき、信頼性の高い考えが見つかります。違う考えがぶつかり合うことで、予想外の

アイデアが生まれる場合もあります。いわゆる「三人寄れば文殊の知恵」です。

ファシリテーションを活用すれば、多様な考えを持った人々が、自由に安心してコンテンツを出せる場をつくることができます。すると、人とは違う少数意見や型破りな考えが多数派の圧力に押しつぶされないようになります。互いの考えの橋渡しをすれば、相互の理解や共感が深まり、良いところを掛け合わせしやすくなります。

さらに、意見と人を切り分け、互いの考え方の違いを安全な場でぶつけ合えば、相乗効果が発揮され高い成果が得られます。ときには、予期せぬことが起こるべくして起こり、予想外のアイデアが生まれることもあります。

全員の言い分を平均的に取り混ぜた妥協案をつくったり、落とし所に落とすのがファシリテーションではありません。みんなが思い描く以上のアウトプットを生み出し、**イノベーション**（創造的革新）を起こすことこそがファシリテーションの真骨頂です。

### 納得感を高め、やる気を引き出す

ファシリテーションがもたらす二つ目の効果は、活動への納得感を高めることにより、メンバーの自律性を育み、人と組織を活性化するところにあります。

会議で目の覚めるような結論が出たとしても、誰も行動しなかったら「絵に描いた餅」になってしまいます。行動をし始めたとしても、全員が本気で一〇〇％完遂するまで粘り強く努力しなければ、到達すべき目標に届きません。

行動するかどうかは、結論の良し悪しだけでは決まりません。いかに結論が腹に落ちるか、納得感が決め手となります。それは結論だけでは決まらず、どうやって決めたか、意思決定のプロセスが重要になります。いくら優れた答えであっても、自分が十分に参加できなかった場で決まったことには、「参加なくして決意なし」です。まさに**当事者意識**（オーナーシップ）が湧かず、コミットしようと思わないのです。

言い換えれば、多少見劣りする答えであっても、みんなが心の底から納得して実行すれば、成功確率が上がります。今の不透明な時代、本当の意味で「これが正解だ」と言い切れるものは存在しません。「正解かどうか？」を議論するのも大切ですが、「正解だと信じられるかどうか？」が決め手となります。信じられれば自分事だと思って努力して、結果的に正解にできるからです。不確実な時代では、戦略の成否は実行にかかっているわけです。

ファシリテーションを使えば、メンバーの自発的な参加を引き出し、プロセスへの納得感を高め、課題への決意とやる気が高められます。「決めたことが実行されない」「実行しても成果が出ない」という事態を防ぐことにつながります。

## メンバーの自律性と協働性を育む

この話は個人だけではなく組織でも同じです（図表1－4）。「上司に命じられたからやる」「規則だからやらざるをえない」「お金のために仕方なしに」ではいきいきとした組織になりません。自分のやりたいことをやるからこそ、本当の力を発揮できます。組織で働く多くの人は、もっと自分の能力を発揮したいと願っています。**自律性**こそが元気の源です。

自律性を高めるためには、自分のなすべきことを自分で決め、自分で実現していくしかありません。自分で決めたことなら一所懸命に頑張り、結果に対しても責任を取ろうとします。

だからといって勝手気ままにやられても困ります。他者としっかりと連携を取り、「みんなのためになにができるか？」を考えなければいけません。これこそが**協働性**です。そのためには、組織全体の課題を自分事だと思って、役割の壁を越えて、「今自分になにが貢献できるか？」を考える必要があります。そうやって助け合うからこそ本当のチームです。

その結果、目標が達成できれば、協働する醍醐味が味わえます。達成感に加えて、自分自身で人生を切り開いているという自己有能感や、仲間から認められたという承認の喜びが得られ

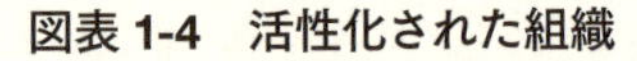
図表 1-4　活性化された組織

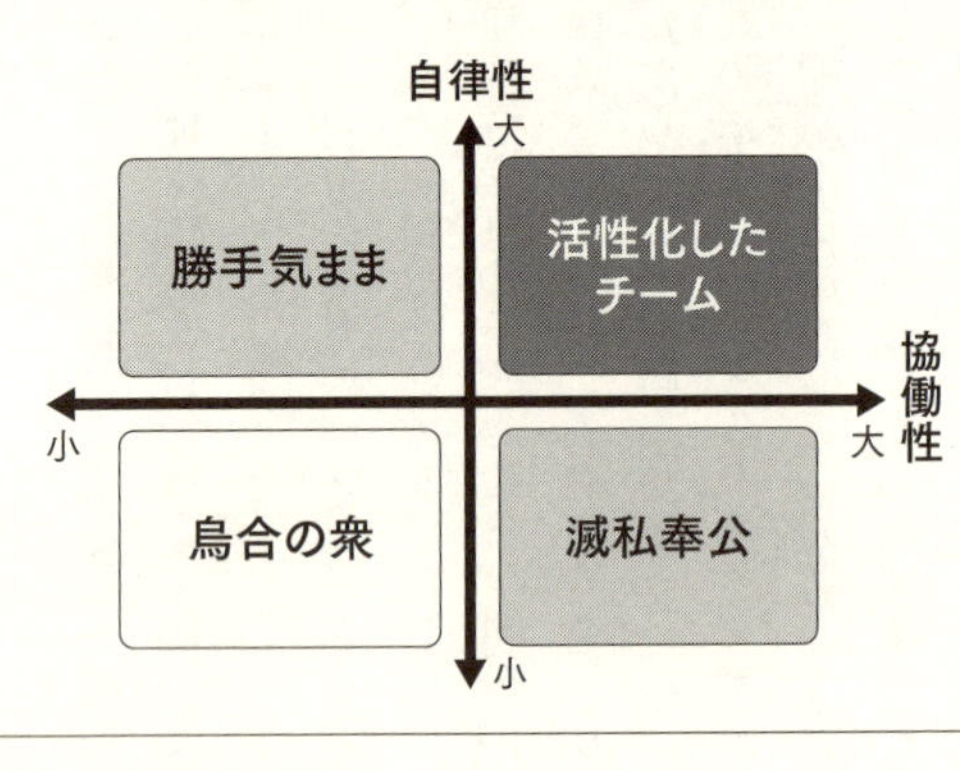


ます。組織への帰属感も強まり、さらなるモチベーションへとつながっていきます。

自律性と協働性を兼ね備えた組織をつくるのに欠かせないのがファシリテーションです。当事者意識を高めることは、会議の場にとどまらず、組織全体を元気にするのに役に立ちます。

## 学習するスピードを高める

三つ目は、ファシリテーション（促進）という言葉が表すように、成果に達するまでの時間が短縮できることです。できるだけ短い時間に、チームが生み出せる最高の成果に導いてくれるのです。

すでに述べたように、問題解決や意思決定の問題点の大半はプロセスにあります。ファシリテーターが適切にリードすることでムダやムラが減り、サクサクと物事が決まるようになります。業務の生産性は飛躍的に高まること請け合いです。

ビジネスにおいて、スピードが企業間競争の雌雄を決することは、言うまでもありません。目まぐるしく変化する環境のなか、どれだけ短い時間に、蓄積された知識を寄せ集め、新しい知識を生み出せるかが競争力の源泉となります。効率的に知識を発見・共有・創造・活用するスキルが、あらゆる組織に求められています。

しかも、環境変化が予測できない不確実な時代では、「なにが正

COLUMN

## ファシリテーションを組織に導入するには？

もっとも多いのが、リーダー層に必須のビジネススキルとして、階層別か選択型、あるいは幹部候補生向けの研修として導入する方法です。ただし、これだと現場での実践につながるとは限りません。

であれば、「業務改善」「働き方改革」「イノベーション推進」「ES向上」といった全社的な取り組みを立ち上げ、各職場で議論をまとめるためにファシリテーターを養成するのが近道です。確実に実践に結びつき、その成果が見えるのがありがたいです。

他には、組織内にプロフェッショナルなファシリテーターを養成して、要請があれば現場に派遣しているところもあります。まずは、その効用を各職場に経験してもらい、興味・関心の輪を広げていく作戦です。

組織をあげて進めるのが無理なら、ボトムアップでいくしかありません。自身がどこかで腕前を磨き、自分の持ち場でゲリラ的にやってみるのです。小さな成功を勝ち取れれば、次の展開が期待できます。

ただし、いきなり「やらせてください」と上司にぶつけても、相手にされません。上司との信頼関係を築けば、やりたいことができるようになります。そのための最良の手段は、仕事で成果を出すことに尽きます。

解か？」をじっくり考えていると、その間に状況が変わってしまいます。利害関係者と調整しながら精緻な計画をつくっても、ひとたび変化が起こったら水泡に帰してしまいます。悠長に考えたり、段取りを整えたりしていること自体が大きなリスクになってしまうのです。

それよりは、敏感に変化を感じ取り、迅速に手を打って、その結果を素早く組織にフィードバックするほうがはるかに賢明です。うまくいかなければ、やり直せばよいだけの話。そうやって、学習のサイクルを速めるしか勝ち残りの道はありません。そのための、学習する仕組みを築き上げることが、すべての組織に求められています。

「計画して管理する」から「行動して学習する」へ。これからの組織に必要な競争優位性は、環境に応じて自らを変化させる速度、すなわち**学習するスピード**です。そのために、ファシリテーションを導入する組織が増えているのです。

# 第2章

# 発展するファシリテーションの応用分野

# 1 ファシリテーションの発展の流れ

## ファシリテーションの歩みと広がり

古来よりファシリテーターの役割を担う人はたくさんいましたが、今日的な意味合いで注目を浴びるようになったのは一九四〇年代です。社会心理学者クルト・レヴィンらのグループ・ダイナミックス研究のなかで重要性が指摘されるようになりました。

その知見を下敷きにして、エンカウンターグループと呼ばれる、グループ体験によって学習を促す技法が一九六〇年代にアメリカで考案されました。そのとき、メンバーやグループが成長するために働きかける人をファシリテーターと名づけました。この流れは、教育学習や組織開発分野のファシリテーションとして現在まで続いています。

それとほぼ同時期に、アメリカのコミュニティ・デベロップメント・センター（CDC）で、コミュニティの問題を話し合う技法としてワークショップやファシリテーションが広まっていきました。こちらは、市民参加型のまちづくり活動へと受け継がれています。

ビジネス分野での応用は、少し遅れた一九七〇年代あたりからアメリカで始まりました。会議を効率的に進める方法として開発され、業務改革や組織開発へと応用分野を広げていきました。海外では、重要な会議に外部からファシリテーターを呼ぶのは珍しいことではありません。また、議論を的確にリードできるのがマネージャーの要件のひとつにもなっています。

このような動きはすぐに日本でも取り入れられ、分野ごとに応用がなされてきました。例を挙げれば、教育学習の分野では、体験学習や子ども中心の教育を実践する手法として研究されてきました。まちづくりの分野では、東京都世田谷区などの先進地域で、海外の手法を独自に進化させていきました。ビジネス分野では、QC活動のリーダーが担っていた仕事は、まさに日本流ファシリテーションといってよいでしょう。

二一世紀に入った頃から、ビジネス界で広く注目を集め出すと、ファシリテーションに関する書物が店頭に並ぶようになりました。「日本ファシリテーション協会」の設立を契機に、分野を越えてファシリテーションの重要性に光が当たるようになり、学習する人も機会も一気に広がりました。ようやく、ファシリテーションという言葉が、ごく当たり前に使われる時代がやってきたのです。

## 四つの領域で活躍するファシリテーターたち

ファシリテーションには多種多様なスタイルがあり、四つに分けると理解しやすくなります(図表2―1)。

一つ目は、本書の読者の関心が一番高いであろう、組織が抱える問題の解決を目指した**組織系**ファシリテーションです。ビジネス系と呼ばれる場合もありますが、営利・非営利を問わず、組織に関わる話であればすべて適用できます。損か得かという功利的な問題をおもに扱い、目に見える成果や合理性が問われる、**問題解決型**のファシリテーションです。ファシリテーターには経営学の知見が求められます。

それに対して、コミュニティ(地域)や社会の問題を扱うのが、二つ目の**社会系**ファシリテーションです。価値観やライフスタイルが違う人たちのなかでコンセンサスを築くことから、**合意形成型**とも呼びます。善か悪という規範的な問題を避けて通れず、どうやって合意に至るのか、民主的なプロセスづくりが重要となってきます。社会学や政治学を学んでおくと役に立ちます。

三つ目が、ファシリテーションの保守本流である、人の学びや成長に関わる**人間系**ファシリテーションです。学校教育や社会(生涯)教育で活用することから**教育学習型**とも呼びます。

## 図表 2-1　ファシリテーションの応用分野

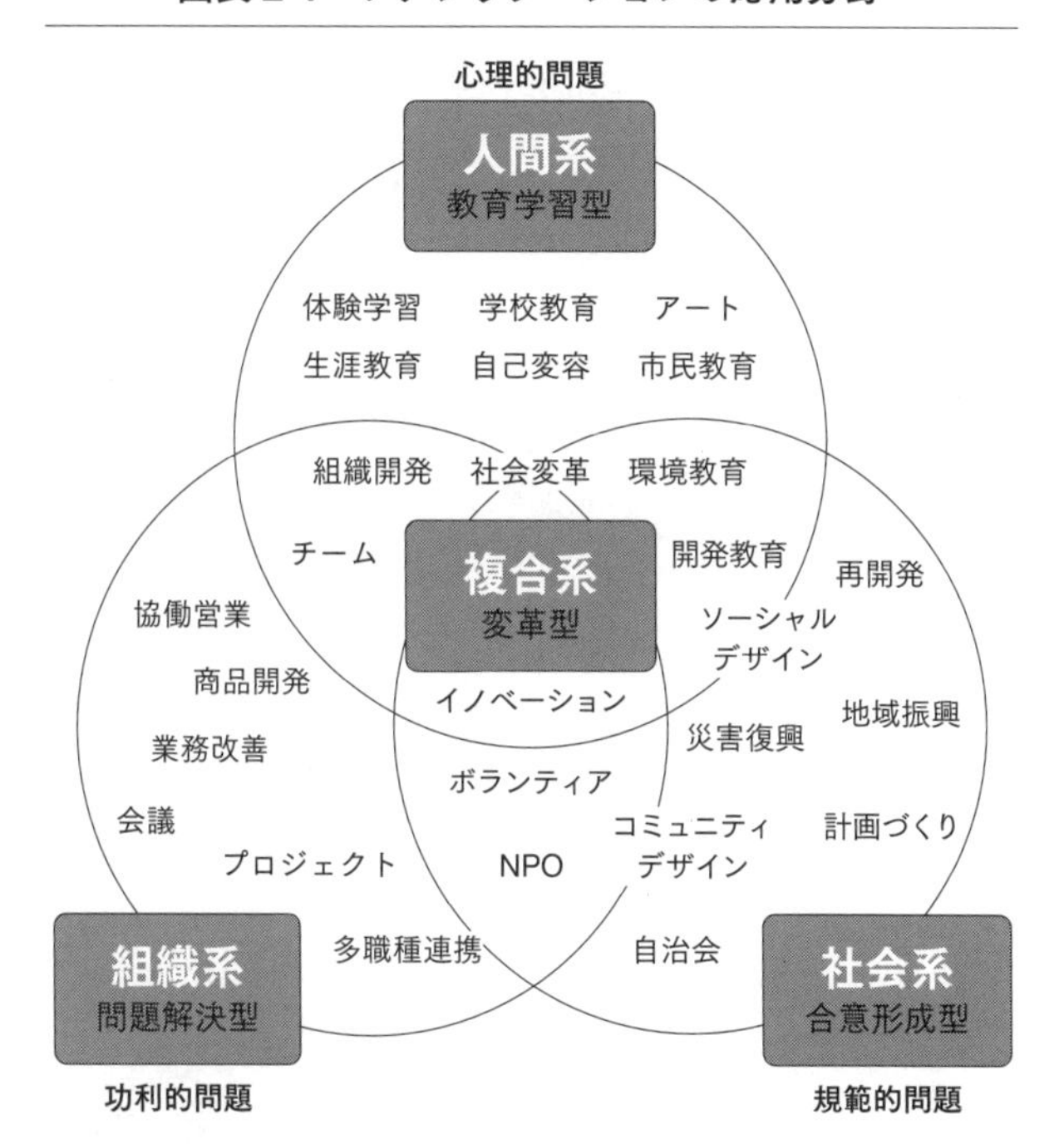


▶ あくまでも便宜的に整理しただけで、実際には各分野は混じり合っていることが多いです。幅広い分野を経験することで、ファシリテーション能力が向上します

自分はどうありたいのか、という心理的な問題を扱うことになり、内省と対話を通じた主体的な学習を促進するには、心理学や教育学の知識が不可欠です。

これら三つは明確に区別できるわけではありません。後述するように、チームの結束を高めるには組織系と人間系の両方のスキルが必要です。ボランティア団体を円滑に運営するには組織系と社会系、環境問題を解決するには社会系と人間系を組み合わせないと、期待する成果が得られません。

そもそも、人・組織・社会の問題は複雑に絡み合っています。それらを区分けせず、すべて同時に取り扱い、大きな変革（イノベーション）を巻き起こすのが、四つ目の**複合系**ファシリテーションです。複雑化・高度化する問題を前に、利害関係者が一堂に会して解決を目指す、**変革型**のファシリテーションとなります。

どのジャンルのファシリテーションを学んでも、必ず他のジャンルに役立ちます。さまざまなやり方・あり方を習得し、多彩なファシリテーションの知恵をかけ合わせ、抱えるテーマに最適なファシリテーションを創造していくようにしましょう。

## 2　多彩な分野での応用が広がる

### 定例の会議からイノベーション開発まで

ここから、各分野での応用例を紹介していくことにします。まずは組織系から始めます。

営利・非営利に関わらず、組織にはふたつのものが求められます。ひとつは、できるだけ効率よく成果を出す**効果性**です。そのためにファシリテーションは大いに役立ちます。

もっとも分かりやすいのが会議です。日々膨大な時間を費やしている話し合いの場において、いかに効率的に高いアウトプットを出すかは、すべての組織の焦眉の課題です。業種、職種、組織の規模を問わず、チームの力を引き出し、意思決定のスピードを上げ、着実に行動に結びつけることが、私たちに求められています。

加えて、近年、どこの組織でも、電話、テレビ、ネットを使った**オンライン会議**が増えてきました。「阿吽（あうん）の呼吸」や「以心伝心」が使えないため、リアルな会議にない難しさがあり、熟練したファシリテーターがいないと話が進みません（第2章Column参照）。

また、プロジェクトやタスクフォースといった、異なる専門家が**クロスファンクショナル**（横断的）に集まる多職種連携の場では、合意形成が途端に難しくなります。職種によって背景や価値観が異なるため、少なからず意見が一致しにくくなるからです。プロジェクトをマネジメント（管理）するだけでは不十分で、ファシリテーションが効果的に機能しないと同床異夢になりかねません。

会議の発展形のひとつに業務改善活動があります。日本のQC活動をヒントに考え出された**ワークアウト**がその典型です。現場の利害関係者が集まり、問題解決のアイデアを提案して、即断即決していく手法です。多彩な問題解決のフレームワークを身につけたファシリテーターのリードに従って議論を進めていきます。

一方、マーケティング、商品企画、事業開発など、新しい価値を生み出す場でも活用できます。なかでも注目されているのは**デザイン思考**への応用です。顧客のニーズを洞察し、ブレーンストーミングで発想を広げ、仮説検証のサイクルを素早く回していきます。一連のプロセスを促進するには、業務改善とは異なるクリエイティブなファシリテーションが求められます。

このときに商品やサービスの開発を、最初から顧客と一緒に進めれば、余計な手戻りが減らせます。利害関係者が一堂に会してソリューションを考える**協働型営業**と呼ばれる手法で、大規模な商品企画やシステム開発で用いられています。

さらに、大規模なイノベーションを起こすのにファシリテーションを、という企業や団体が増えてきました。そのためには、個人の発想力、チームの相互作用、創造的な組織風土の三つが必要であり、ファシリテーションが二番目の鍵を握っています。

### ファシリテーションで組織を変える

組織に求められるもうひとつのものが**健全性**です。いくら効果的なアイデアでも、みんながやる気にならなかったらお蔵入りになってしまいます。チームが元気でいきいきとしていないと、持続可能な組織になりません。そのための活動を**組織開発**と呼び、近年ファシリテーションの応用が広がっている分野です。

組織開発では、会議ではなく**ワークショップ**を活用することが多くなります。分かりやすく言えば、一人ひとりの経験に基づいて「ホンネで対話する場」です。

仮に、風通しの悪いチームがあったとします。そんなときは、各々の経験や価値観を語り合い、相互に自己開示とフィードバックをし合う**チームビルディング・ワークショップ**が役に立ちます。体験学習ゲームやリフレクション（振り返り）なども関係性を高めるのに貢献し、人間系のファシリテーターが持つスキルも必要となります。

あるいは、チームのベクトルがそろわないのなら、**ビジョン・ワークショップ**が向いていま す。メンバー一人ひとりの夢や強みを引き出し、組織のビジョンへとまとめあげ、具体的な行 動に落とし込んでいきます。誰かから与えられるのではなく、自らの手でビジョンをつくるこ とで、チームの目標を自分事化していくわけです。

これらの活動は一過性で終わらせず、成果が出るところまで継続的に取り組んでこそ、ファ シリテーションの力が活きてきます。

ある金融機関では、新任の支店長が、業績もムードも沈滞していた組織に新しいビジョンを 灯し、内省と対話を通じて自己成長へのモチベーションに火をつけました。そうして、活気あ ふれる支店をつくり、全国でトップランクの成績をあげるまでに育てあげました。

また、ある機器販売会社では、社長自らがファシリテーターとなり、「自ら考えて動く」組 織を目指して全社的な改革運動を始めました。現場に足を運んでホンネの話し合いを繰り返 し、一人ひとりの仕事の意味を明らかにし、バラバラだった問題意識の方向とレベルをそろえ ていきました。それが、業績を向上させる大きな原動力になりました。

また、ある機械メーカーでは、ひとりのミドルが改革に向けて立ち上がり、トップを動かして部門横断型の企業変革プロジェクトをスタートさせました。半年にわたる粘り強いファシリテーションの結果、次世代を担うリーダーたちの危機感と協働意欲を引き出すのに成功し、一〇年間低迷していた業績を見事半年でV字回復に導きました。

組織が元気になれば、顧客満足度が上がります。顧客満足度が上がれば、業績が上がります。健全性を高めることは効果性を高めることにつながります。つまり、組織開発のファシリテーションが組織の再生の鍵を握っているわけです。

### まちづくりからソーシャルデザインに進化

次に社会系です。代表選手である、まちづくりのファシリテーションから紹介しましょう。

ハード面でいえば、小は公園づくりや公共施設のリニューアルから、大はまちの再開発や都市計画のプランニングまで。ソフト面でいえば、小は自治会運営や商店街活性化から、大は自治体の総合計画づくりや地域振興（まちおこし）まで。広範な分野で数多くのファシリテーターが合意形成に尽力しています。**住民協働**の大きな流れのなかで、ファシリテーションやワークショップの技法が、日常的に使われるようになってきました。

さらに、人と人のつながりをつくる**コミュニティデザイン**や、社会をよくする仕組みをつくる**ソーシャルデザイン**においても、地域の力を引き出せるかどうかはファシリテーターの腕前にかかっています。さらには、討論型世論調査やコンセンサス会議のような公共的な問題を民主的に話し合う場から、民族間の対立解消や紛争解決まで。社会系のファシリテーターが活躍する**熟議**の場はどんどん広がっています。

災害の多い日本で特徴的なのが、災害復興支援のファシリテーションです。避難所の運営からコミュニティ再生に向けての話し合いまで、多くのファシリテーターが東日本大震災で活躍しました。そのノウハウが以降の災害や防災教育で活かされています。

組織系と社会系の大きな違いは、後者には正解と呼べるものがないことです。成果の良し悪しを測る基準もなく、いかに合意の質と納得感を高めていくかが肝要となります。利害や価値観の違いから深刻な対立に陥ることも珍しくなく、満足の総和が最大になるよう、粘り強く話し合いを進めていかなければなりません。

社会系の活動のなかで今後ますます重要になってくるのが、ＮＰＯや子育てサークルのような、非営利のボランタリーな団体のファシリテーションです。仲良しクラブでは成果が出ず、厳しくマネジメントするとメンバーが去っていきます。どうやって成果とやる気をバランスさせるか、運営側のファシリテーション力が問われます。

前に述べたように、これからは組織も社会も、ヒエラルキー型からネットワーク型へと移り変わってきます。ファシリテーターは、ネットワークのハブ（結節点）として、人々の関心や意見の調整に当たらなければいけません。組織系と社会系の垣根はどんどん低くなってきており、ビジネスのスキルとボランティアのマインドを持ったファシリテーターが、社会のさまざまな場面で必要とされています。

## 学習者が主体となる教育を目指す

三つ目の人間系のファシリテーションで、今もっとも注目されているのが**学校教育**の分野です。学力（知識）中心の「教える教育」から、思考力が中心の「学び合う教育」へ。教育界は大正の新教育、戦後の新教育に次ぐ、三度目の大きな変革の真っただなかにいます。

経験学習、対話教育、探求学習、ＰＢＬ（Problem Based Learning）、アクティブ・ラーニングなど、呼び方は変遷してきましたが、**主体的で対話的な深い学び**を大切にするところは同じです。まさに学習到達度調査（ＰＩＳＡ）で求めている、「グローバル社会のなかで多様な考え方を持つ人と協働して問題解決できる能力」を育むのが、学校教育が担うべき役割です。

学習者が主体の教育を進めるには、教師の役割をインストラクターからファシリテーターへと転換しなければいけません。学習者の知識や経験を引き出し、自発的な学習を促すことが求められます。とはいえ、基礎的な知識はしっかりと教えなければならず、両者をいかに調和させるかが学校教育のファシリテーターの難しいところです。

その点、知識や経験が豊富な大人を対象とした**社会教育**（生涯教育）のほうが、ファシリテートしやすいかもしれません。環境教育、自然教育、開発教育、人権教育、市民教育などでは、体験学習型のファシリテーションが用いられています。実際の体験を通して、参加者の関心と相互作用を高め、体験を行動に結びつけていくのがファシリテーターの役目です。

演劇、美術、音楽などの芸術活動の分野においては、メンバー同士あるいは演じ手と観客の相互作用を促進させ、新しい作品を創造していく**自己表現型**のファシリテーションがあります。単に表現力を高めるだけではなく、参加者個人の内面の課題や組織・社会の問題解決のデザインにつなげるのが最近の傾向です。

さらには、自己の成長や変容、癒しや気づきを促し、自分を高めるためにおこなわれる**自己変革型**のファシリテーションも根強いニーズがあります。今ここで起こったことを題材にしながら、メンバー同士の相互作用を通じて、潜在的な能力や内なる可能性に目覚めさせるのがファシリテーターの仕事になります。

企業研修でも、一方通行の講義形式は鳴りを潜め、対話や演習が主体のワークショップ形式へと変わってきました。アクション・ラーニングを使って実際の組織の問題を題材にしたり、即興演劇（インプロ）を使って体験的に学習するなど、多彩な技法が使われるようになってきました。企業でも導入が進むマインドフルネスも、かつては自己変革型のファシリテーターが用いてきた手法のひとつでした。人間系のファシリテーションは、他の分野と融合しながら、源流として今も脈々と流れています。

## 紛争を解決し、未来を創造する

複合系の典型が、心理学者アーノルド・ミンデルが開発した**プロセスワーク**です。人・組織・社会の問題は、相互に関連し合い、切り離して考えることはできません。それぞれが相似形（フラクタル）をなしていると考え、個人の成長から組織開発、ひいては社会変革までを一緒に取り扱っていきます。その場で生まれたものを大切にしながら、起こるべきことを完了させていく、難易度の高いファシリテーションです。

複合系のファシリテーションは、一九九〇年頃に欧米で生まれた比較的新しい分野です。複雑な問題を解決するには、利害関係者が一堂に会して話し合うしかなく、これを集合的対話

（マルチ・ステークホルダー・ダイアログ）と呼びます。そのための手段が**ホールシステム・アプローチ**です。多彩な手法が考案されており、企業、団体、NPO、コミュニティの問題解決、変革、未来創造、紛争解決などに活用されています。

これに、デザイン思考やシステム思考の考え方を加え、大きなイノベーションを起こす場として注目されているのが**フューチャー・センター**です。未来の利害関係者が集まり、フューチャー・セッションと呼ばれるワークショップを繰り返しながら、コミュテティやビジネスの未来像とそこに至るシナリオをつくり出していきます。

複合系ファシリテーターの考え方のベースになっているのが、組織学者ピーター・センゲが提唱する**学習する組織**です。人・組織・社会の問題に幅広く応用でき、今の組織開発の土台となっているコンセプトです。その具体的な取り組みである五つのディシプリンを実践するには、ファシリテーションの力が欠かせません。学習する組織をさらに進化させた**U理論**（オットー・シャーマー）も複合系のファシリテーターに多くの示唆を与えてくれます。

これから私たちを取り巻く環境は、ますます**VUCA**（Volatility：不安定、Uncertainty：不確実、Complexity：複雑、Ambiguity：あいまい）になってきます。多彩なジャンルのファシリテーターの知恵を結集することが求められています。

## 3　ファシリテーターに求められる技術

### ファシリテーションの四つのスキル

ファシリテーターに求められるスキルは多岐にわたり、活用分野によっても変わってきます。それらの共通項として、会議での応用を念頭に、すべての基本として習得すべき四つのスキルを紹介していきます（図表2－2）。ワークショップや研修でのファシリテーションについて、さらに詳しく知りたい方は、拙著『ワークショップ入門』（日経文庫）を参照ください。

**①場のデザインのスキル——場をつくり、つなげる**

なにを目的にして、誰を集めて、どういうやり方で議論していくのか、話し合いの段取りからファシリテーションは始まります。最適な議論の進め方や論点を提案して、メンバーに共有してもらわなければなりません。単に人が集まってもチームにはならず、目標の共有から協働意欲の醸成まで、チームビルディングの良し悪しがその後の活動を左右します。

あわせて、討議の空間やメンバー同士の関係性を適切にデザインして、話しやすい場を用意

## 図表 2-2　ファシリテーションの 4 つのスキル

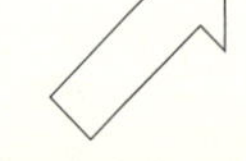

**場のデザインのスキル**

**場をつくり、つなげる**

- ゴールを明らかにする
- プロセスをつくり上げる
- 関係性を築き上げる

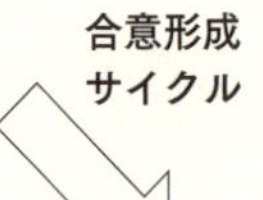


**対人関係のスキル**

**受け止め、引き出す**

- 傾聴で共感する
- 相互作用を観察する
- 質問を駆使する

**構造化のスキル**

**かみ合わせ、整理する**

- 主張を明確にする
- 書きとめて整理する
- 図解を活用する

**合意形成のスキル**

**まとめて、分かち合う**

- 意思決定手法を選ぶ
- 対立を解消する
- プロセスを振り返る

▶ テーマや活動分野によって必要なスキルのバランスが変わってきます

する必要があります。人は環境によって振る舞い方が大きく変わるからです。ファシリテーターがどういう構えで場に臨むのかも見逃せない要素です。

②対人関係のスキル――受け止め、引き出す

話し合いが始まれば、できるだけたくさんの意見や考えを出し合い、理解と共感を深めながらアイデアを広げていきます。これを**発散**と呼びます。すべて出し尽くすことで、これから生み出す結論への合理性と納得感を高めていきます。

このときファシリテーターは、しっかりとメッセージを受け止め、発言者を勇気づけ、心の底にある本当の思いを引き出していかなければなりません。それと同時に、意見と意見の連鎖をつくり、幅広い論点で考えられるようにします。具体的には、傾聴、応答、観察、質問などのコミュニケーション系（右脳系・対人系）のスキルが求められます。

③構造化のスキル――かみ合わせ、整理する

発散がうまくいけば、自然と**収束**に向けての気運が生まれてきます。タイミングを見計らい、個々の意見を分かりやすく整理して、しっかりとかみ合わせていきます。その上で、議論の全体像を整理して、議論すべき論点を絞り込んでいきます。そのときに威力を発揮するのが、議論を分かりやすく「見える化」するファシリテーション・グラフィックです。

ここではロジカルシンキングをはじめとする、思考系（左脳系・論理系）のスキルの出番となります。物事の枠組みを表すフレームワーク（構造化ツール）を臨機応変に活用すれば、効率よく議論が展開できます。

**④合意形成のスキル――まとめて、分かち合う**

結論の方向性が絞られてきたら、いよいよ**決定**です。なにを基準にして最適な選択肢を選ぶのか、異なる意見をどうやって融合させるのか、決め方を決めなければいけません。

このときに避けて通れないのが意見の対立です。コンフリクト・マネジメントのスキルを使って適切に対処すれば、創造的な結論が得られ、チームの結束力も高まります。ファシリテーターの力量がもっとも問われるところです。首尾よく合意ができれば、結論やアクションプランを確認し、話し合いを振り返って次に向けての糧としていきます。

実際には、この流れを三〇分の会議のなかで回すこともあれば、一泊二日の合宿形式の対話の場で進めていくこともあります。長期間にわたるプロジェクトでは、このサイクルを何度も回しながら、少しずつ活動を前に進めていきます。

**自分の持ち味を最大限に発揮する**

ファシリテーションは知識ではなく**知恵**です。本を読めば知識は得られますが、知恵は体験から学ぶしかありません。自分でやるか、他者がやっているのを見るか、**場数**を増やすことが唯一の上達の道です。多様な場を経験して、技と度胸を習得していかねばなりません。

それは、本で書かれているほど簡単ではありません。他人を批評するのは容易ですが、いざ自分となるとそうはいきません。当たり前を当たり前にやることがとても難しいのです。

なので、四つのスキルをすべて一

COLUMN

## オンライン会議をうまく進めるには?

電話、テレビ、ネットなどを使ったオンラインの会議では、表情、態度、間合い、空気感などの、いわゆる非言語メッセージが十分に伝わりません。ファシリテーターとしては、以心伝心でやってきた部分を、できるだけ言葉でやりとりできるよう、支援していかなければなりません。

たとえば、「山田さん、3分程度でお願いします」「以上ですね。ありがとうございました」と話の区切りをつけるようにします。伝わっているか不安であれば、「今の説明、分かりましたか?　手の振り方で理解度を表してください」とニュアンスを表現してもらうように促します。

誤解を生みそうな話には「○○とは、たとえば?」とツッコミを入れ、議論が混線してきたら、「今のは、田中さんの意見の□□の部分への対案ですね」と交通整理をしていきます。言わずもがなと考えがちな部分を、言葉で分かち合うためのお手伝いをするわけです。

とはいえ、リアル会議とまったく同じにはなりません。どこかで顔の見える関係をつくらないと話が通じません。ゼロからの検討で使うのはやや無理があり、提案の採否や修正を議論する程度がよい頃合いです。

時に習得する必要はありません。どれかひとつを実践するだけでも、話し合いは劇的に変わります。そこから一歩一歩積み上げていくのが近道です。

活動するジャンルによっても軽重が異なってきます。組織系のファシリテーターであれば構造化のスキル、社会系を目指すなら合意形成のスキル、人間系で活動するなら対人関係のスキル、といったように。必ずしもすべてを満遍なくできないといけないわけではありません。

できないことに悪戦苦闘するよりは、できることを伸ばしたほうが効率的です。人それぞれ**持ち味**があり、自分の特性を活かしたファシリテーションを目指すようにすればよいのです。

できないところは、誰かに助けてもらえば十分です。ファシリテーターだけがファシリテーションをするわけではありません。話し合いの参加者からプロセス面について提案や支援を受けるのは悪い話ではありません。それどころか、ファシリテーターにすべてを委ねるのではなく、全員が**ファシリテーターシップ**を発揮するのが理想的な話し合いとなります。

ファシリテーターに任命されなかったときも諦める必要はありません。ファシリテーションのスキルを活用して、参加者として活動を促進することを目指せばよいのです。いついかなる場でも、誰もがファシリテーションできます。上達に終わりはなく、一生かけてさらなる高みを目指し続けましょう。

# 第3章

# 場のデザインのスキル
## ――場をつくり、つなげる

## 1 チーム活動の場をデザインする

### 場をデザインする五つの要素

「場」とは、物理的な空間を含め、人々が時間と場所を共有しながら、新しい知識を創造していく知覚的なスペースを意味します。そのデザインでもっとも大切なのが、話し合いの段取りです。具体的には、次から述べる五つの要素を設定して共有するようにします（図表3－1）。ひとつのテーマについてゼロから検討する会議をイメージしてお読みください。

**①狙い（目的）**

狙い（目的）とは、「なんのために議論するのか?」「なぜここに集まったのか?」、つまり話し合いの意味（意義）に他なりません。「業務のムダを減らすため」「新商品を企画するため」「新しい制度を検討するため」といったものです。

人間は意味を求める動物であり、意味が分からないことはやりたいと思いません。**共通目的**は、協働意欲やコミュニケーションと合わせて、**組織の三要素**のひとつです。きっちりと共有

**図表3-1　場のデザインの5つの要素**

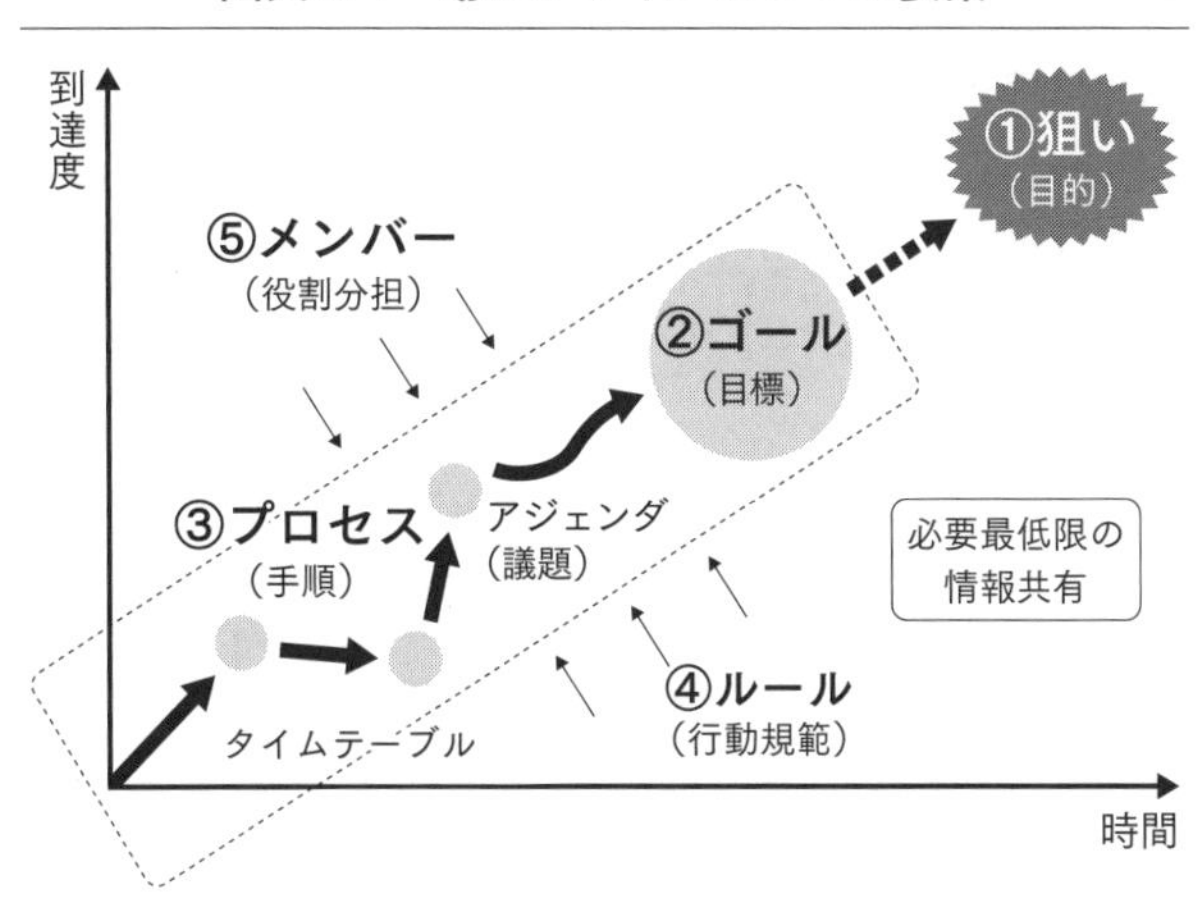


されていないと、議論の足並みがそろいません。

そのためのポイントは「名は体を表す」です。会議の名称が「担当者会議」「マンデーミーティング」だと話し合いの目的がよく分かりません。「サポート業務効率化会議」「新商品企画ミーティング」「新人事制度検討会」などとしておけば、目的が共有しやすくなります。

②ゴール（目標）

会議は問題解決や意思決定のために用いられるものです。「業務のムダを減らすため」「業務効率の件」と目的やテーマだけ言われても、その場で「なにを決める（合意する）のか？」がよく分かりません。そこで必要になるのが会議の**ゴール**（到達点）、すなわち目標です。

「具体策を決める」「目標を合意する」「戦略を策定する」といったように、目指すアウトプット（成果）を明らかにします。決定を伴わない会議なら、「問題点を洗い出す」「認識を共有する」「アイデアを五〇個出す」など、「どこまで話をつめるのか？」を分かち合うようにします。ワークショップの場合は、「全員の気持ちがひとつになる」「〇〇の大切さを理解する」などの心理的なゴールを設定する場合もあります。

いずれにせよ、会議が終わったときに、到達の可否が判定できるものでないとゴールとして使えません。例を挙げれば、「業務効率を上げる」はテーマのゴールであり会議のゴールではありません。会議で話し合っても業務効率は一％も上がらないからです。「業務効率を上げるための解決策をつくる」と設定すれば会議のゴールとして使えます。言い換えると、どこまでやれば会議が終われるのか、**終了条件**を示したものがゴールです。

そのときに、できるだけイメージしやすくしておくのが、解釈の違いを防ぐコツです。たとえば、「業務効率三〇％アップに向けて、全社で取り組む重点課題三つと実行スケジュールを記した表ができ上がっている」とすれば、誰の目にもゴールが明らかになります。

あわせて忘れてはいけないのが時間のゴールです。「一五時までに」「二時間で」と、終了時間を決めておかないと、決まるものも決まりません。

といっても無茶は禁物です。時間内につめられない、大きすぎる話を議論しても仕方ありません。会議の狙いと与えられた**資源**（時間、人、情報など）を勘案し、実現可能なゴールを経験則に基づいて設定するようにします。チームの力を引き出すためには、少し背を伸ばせば届く程度に設定するのが良い頃合いで、**ストレッチゴール**と呼びます。

**③プロセス（手順）**

「業務効率向上の解決策をつくる」のがゴールだとしても、いきなり解決策について議論するのは愚の骨頂です。「業務効率とはなんなのか？」「どれくらい業務効率が悪いのか？」「その原因はなんなのか？」「どの程度まで向上させるのか？」など、一つひとつ議論を積み上げていかないと、話はまとまりません。会議が紛糾する原因の一端がここにあります。前提や背景が食い違ったまま、最後に議論すべき論点をいきなり最初から話しているのです。

論点とは、今ここで討議すべき**イシュー**、すなわちお題です。それを適切に並べたものをプロセスと呼びます。ゴールに至る道筋（ロードマップ）を時間割と一緒に示したもので、**アジェンダ**（議題）とも呼びます。設計の仕方は後で詳しく述べることにします。

会議によっては、「○○の件」「△△について」といった、独立して検討すべきテーマが多数並ぶときもあります。その場合は、どの議題から取り組むか、優先順位決めが大切です。重要な議題ほど後回しになりがちになる、**計画におけるグレシャムの法則**が働くので、注意するようにしましょう。

④ルール（行動規範）

話し合いの文化や規範は人や社会によって違います。組織のなかで会議のルールを分かち合っておけば、話し合いがスムーズに進みます。たとえば「全員が必ず発言する」「沈黙は同意とみなす」「資料の説明は五分以内に」といったもので、**グラウンドルール**と呼びます。なるべく具体的に表現するのがポイントです。

ましてや、組織を越えて話し合うときには、必ず事前にルールをすり合わせておかなければなりません。**ロバートの会議規則**と名づけられた国際ルールを参考にするのも手です。

加えて、あらかじめ予想される問題に対処するために、今日この場だけの約束事を臨機応変に設定すると役に立ちます。仮に、発言が長い人が出席することが分かっているなら、「発言は三分以内に」「全員が平等に発言する」「人の話をよく聴く」などのルールをつくって予防線を引いておきます。問題行動に対処する際の拠り所にもなります。

とはいえ、いくらルールを決めてもみんなが従わなければ意味がありません。一方的に押しつけたのでは納得感がなく、全員で話し合って決めるのが良い方法です。

### ⑤メンバー（役割分担）

参加者を増やせば増やすほどコンテンツは豊かになります。反面、一人ひとりの参加度合いが減り、合意形成も難しくなります。かといって、あまりに少人数だと議論が偏り、「一部の人たちが密室で決めた」と批判が起こる恐れもあります。**最小多様性の原理**に則って、できるだけ少ない人数で最大の知恵を集めるようにします。

目安としては、ゼロベースで密度濃く議論するなら五～六人が最適です。よく練られた提案の採否を審議するなら一五～二〇人くらいまで。それ以上の人数となると、一方的な説明と質疑応答にならざるをえません。日本の会議は人数が多すぎる傾向があり、「二〇％の人で八〇％の仕事はカバーできる」という**パレートの法則**を頭に入れて、できるだけ必要最小限に絞るようにしましょう。会議には多大なコストがかかっていることをお忘れなく。

絞る際は、多様性を考慮しなければなりません。広範な知識、経験、視点があるほうが議論の質が上がるからです。たとえば、論理的に考える人ばかりでは石橋を叩いて壊してしまいます。かといって創造的に考える人だけでは、夢物語になりかねません。両者がバランスよく混じるからこそ質の高い話し合いができます。メンバー同士の相性も考える必要があります。

あわせて、重要な利害関係者をモレなく加えておかねばなりません。実行段階でへそを曲げられると、せっかくの合意事項がお蔵入りとなってしまいます。「あの人たちで決めたのなら従わざるをえない」と思わせるメンバーを集められるかどうかがポイントです。

**プロセスデザインにメンバーを巻き込む**

これら五つの要素はあらかじめファシリテーターが考えておくべきものです。それを会議の冒頭で提案して、全員の同意を得てから議論を進めるようにします。つまり、会議の最初の議題は、必ず「どのように議論を進めるか？」になります。進め方をファシリテーターに一任せず、一度自分の頭で考えてもらわないと腹に落ちません。

会議では、プロセスを決めてからコンテンツに入るのが鉄則です。民主主義の正当性はプロセスが担保するものです。プロセスに納得しない人は、コンテンツ（結論）にも納得せず、少なからず卓袱台返しを仕掛けてきます。

進め方に異論が出たら、その場でアレンジして、全員でひとつの進め方をつくりあげるようにします。紛糾しそうな会議こそ、進め方を決めるのに時間とエネルギーを注ぐのがよく、それが後の議論をスムーズにしてくれます。

コンテンツにせよプロセスにせよ、事前に**落とし所**を考えておくのが悪いわけではありません。ファシリテーターとしては終了時のイメージがあったほうが、舵取りがしやすくなるからです。悪いのは、落とし所にしかいかないことです。落とし所よりもっと良いものをその場でつくりあげるのがファシリテーターの仕事です。そのことを肝に銘じておきましょう。

とはいえ、いつまでも入り口の議論を続けるのも考えものです。やってみないと分からないこともあり、議論に入る前にいくら入念に検討しても、本当の意味での参加者同士の意識の違いは分かりません。活動を進めていくうちに、進め方や判断基準の違いが露呈し、はじめて前提がずれていたことに気がつく場合もあります。

入り口の議論が長引くようなら、決め事をすべて仮置きにするか、粗く決めるにとどめておき、ある程度進めてからもう一度見直すのが得策です。やっているうちに互いの考え方が理解できて警戒心が解かれ、いずれスムーズに活動が進んでいくようになるはずです。

いずれにせよ、進め方の合意が得られたなら、五つの要素をホワイトボードなどに板書して、会議中は常に見えるようにしておきます。みんなの共有物として定着させておけば、脱線や蒸し返しが防げます。

## 2　七つの基本プロセスを使いこなす

五つの要素のなかで、もっとも熟練を要するのが③プロセス（手順）の設計です。どんなテーマにも合う万能薬はなく、目的やメンバーにあわせて都度考えなければいけません。だからといって心配は要りません。よく用いられる型（パターン）があります。代表的な七つの型を紹介しますので、プロセスをデザインする際の参考にしてみてください（図表3－2）。

### 汎用的に使える「発散・収束型」

一番シンプルで使い勝手が良いのが**発散・収束型**のプロセスです。創造的なアイデアを生み出すときに使われ、単純なテーマの多くはこれでカタがつきます。

優れたアイデアを生むための最大のポイントは、できるだけたくさん出すことです。出し尽くせば、そのなかにしか答えがないと考えるようになります。発散と収束をきっちりと回せば、結論の合理性と納得性が高まります。

図表3-2　プロセスデザインの基本形

①発散：メンバーの思考をできるだけ広げ、アイデアの質は問わずに量を増やすことに専念します。自由に意見を出し合える安心・安全な場をつくるのが大切です。発想を広げる手法もたくさんあり、併用すると効果的です。一部の声の大きい人からしか意見が出ないようなら、付箋（ふせん）を使ってアイデアを出すというやり方もあります。

②収束：アイデアを整理して全体像を明らかにした上で、なにかの基準を使って絞り込んでいきます。ある程度スクリーニングが終わったら、さらに精査して最終案を選ぶか、いくつかの案を組み合わせて結論とします。

このプロセスのポイントは、発散にできるだけ時間をかけることです。多くの場合、なかなか議論がまとまらないのは、発散が不足しているからです。出し尽くせば自然と収束を求める空気が生まれてきます。そのタイミングを逃さず、収束へとモードを切り替えていけば、案外スッとまとまります。「発散なくして収束なし」です。

ふたつのステージを混ぜないことも大事です。発散をしているのにまとめにかかろうとする人や、収束に入ったのに話を膨らまそうという行為は、柔らかく戒めなければなりません。

**素早い意思決定に向く「同意形成型」**

同意と合意は意味合いが違います。前者は、誰かの意見を受け入れることであり、後者はみんなが納得する意見をつくることです。後者が理想的なのですが、多くの会議では誰かが検討してきた提案や叩き台を審議する、同意形成の形を取ります。

なぜなら、ゼロベースで話し合うよりも効率的に検討できるからです。反面、提案が**アンカー**（碇(いかり)）となってしまい、そこから大きく外れた意見が出にくくなります。根回しがされていると、形式だけの会議になる恐れもあります。そんなデメリットを少しでも減らすために用いられるのが**同意形成型**のプロセスです。

①提案　：起案者が提案（検討結果）を説明し、質疑応答をして参加者の理解を深めます。
②審議　：メリットとデメリットや機会とリスクなど提案の良し悪しを議論します。
③代替案：他の方法で目的が達成できないかを検討し、代替案や修正案を集めます。
④決定　：もとの提案の採否や修正案の選択など、最終的な結論を導き出します。

同意形成型では、ファシリテーターが活躍する余地はあまり多くありませんが、いくつか留意点があります。まずは、提案の内容を十分に理解しないまま議論に入らないようにすることです。解釈が違っては議論がかみ合いません。とはいえ、説明する時間は限られています。資料は必ず事前に配っておき、理解してくる前提で話し合いを進めるべきです。そのためには資料づくりのルール（例：A４で三枚まで、論点を明示する、前日に事前配布など）が大切です。

さらに、必ず損得や功罪など両面で考え、目的を忘れずに議論することを忘れないようにしましょう。どうしても、起案者vs会議メンバーという対立が生まれ、提案を通す（落とす）ことが目的になりがちです。そうではなく、「本来の目的はなんなのか？」「提案を通してなにを実現したいのか？」「それは他の方法でできないのか？」を、アンカーをはずして幅広い観点で話し合うことが重要です。

**ビジネスに役立つ「問題解決型」**

問題とは今の姿（現状）とあるべき姿（目標）とのギャップであり、それを埋めるのが**問題解決**です。手掛かりとして原因（なぜギャップが生まれるのか？）に着目します。そうすれば、ロジカルに議論ができるからです。**問題解決型**は、発散・収束型の応用形として、必ず習得すべきパターンのひとつです。ビジネスに限らず幅広い人・組織・社会の問題に適用できます。進め方を説明すると同時に、陥りやすい失敗を挙げておきます。

①問題設定：現状の認識と目指す目標を話し合い、問題の定義やレベルを共有します。
　↓問題の認識がそろわないまま、先のステップに進んでしまう。
②原因分析：問題を生み出す要因や障害を分析して、本質的な原因を特定します。
　↓分析にヌケモレがある。検証せずに思い込みで原因を選んでしまう。
③方策立案：根本原因に対する打ち手をできるだけ幅広く出していきます。
　↓よさそうなアイデアに飛びつき、発散が不十分になってしまう。
④行動決定：選択肢のなかで最適なものを選び、実行計画へと落とし込んでいきます。
　↓できもしないアイデアを選ぶ。解決策が総花的や抽象的になってしまう。

多くの人はどうしても先走って解決策を考えがちになります。問題解決ではなく問題処理をしようとするのです。そこを押しとどめて、しっかりと四つのステップを進めるのがファシリテーターの役目です。なかでも大切なのが②原因分析です。ここを見誤ると、上辺だけの対症療法になり、問題が再燃する恐れが生じます。

実際には、ロジックツリーやペイオフマトリクスなどの思考ツール（フレームワーク）を活用して各々のステップを進めていきます。詳しくは第5章をご覧ください。

### ポジティブに話し合う「目標達成型」

議論の道筋（ロジック）のつくり方に大きく二通りがあります。ひとつは、先ほど述べた、原因から対策を導き出す**原因論**です。もうひとつが、目的から手段を考える**目的論**です。**目標達成型**は後者の立場を取り、前半の進め方が大きく違います。

①目的共有：なにを実現したいのか、どうありたいのか、目的や目標を共有します。
②条件設定：目的を達成する際の必要条件を洗い出し、優先順位をつけます。
③方策立案：どうやったら目的が達成できるか、できるだけアイデアを集めます。
④行動決定：選択肢のなかで最適なものを選び、実行計画へと落とし込んでいきます。

原因論と目的論は、どのように使い分けをしていけばよいのでしょうか。前者は、どちらかといえばテクニカルな問題に向いており、根本的な解決策が得られるのが利点です。ものづくりの改善活動でよく用いられるのはそのためです。

ところが、人や組織の問題となると、必ずしも原因が特定できるわけではありません。要因同士が複雑にからみ合い、すべてが原因とも結果ともいえる場合がよくあります。下手をすると、原因探しが犯人探しになり、「やるべきこと」「やらねばならぬこと」をその人に押しつける羽目になります。どちらかといえばネガティブなムードになりがちです。

反面、目的論では「できること」「やりたいこと」を話し合うため、ポジティブに議論ができます。根本解決に至る保証はありませんが、着実に一歩前に進められます。目的の達成だけを考え、自由な発想で話し合いができます。糸口がなくてアイデアが出しにくい場合は、**成功事例**をヒントにするか、未着手のアイデアがないかを探すとよいでしょう。

**ワークショップで定番の「起承転結型」**

ここからはワークショップでよく用いられるプロセスを簡単に紹介していきます。ワークショップとは、「主体的に参加したメンバーが協働体験を通じて創造と学習を生み出す場」です。会議とは違い、経験から学ぶ、他者から学ぶ、偶然から学ぶのがワークショップで、基本形となるのが**起承転結型**のプロセスです。

①起：場のデザインの五つの要素を分かち合い、アイスブレイク（後述）などを活用して、安心してホンネで話し合える関係性を築きます。

②承：各々が持っている資源（経験や思い）をできるだけ出し合います。あるいは全員で同じ経験をして、感じたことや思ったことを話し合い、内省と理解を深めていきます。

③転：全体または小グループに分かれてテーマについて対話して、互いの考え方をぶつけ合

わせていきます。葛藤や偶然の出来事も活用して、相互作用を高めていきます。

④結：首尾よく学習や創造が生み出せれば、成果をまとめて分かち合います。あわせて、活動の意味を振り返って今後の行動へとつなげていきます。

**経験を学習につなげる「体験学習型」**

私たちは経験という名の素晴らしい資源を持っています。それをしかるべき方法で振り返ることで、深い学習を生み出せます。だからといって、単にPDCAサイクルを回すだけ（シングルループ学習）では、行動は変わっても信念は変わりません。**体験学習型**のプロセスを用いれば、考え方の枠組みそのものを変容させる**ダブルループ学習**ができます。他のプロセスと組み合わせて使う場合もよくあります。

①体験：体験学習ゲームなどを使って、みんなで同じ体験をします。あるいは、一人ひとりが過去に経験したことを掘り起こして、深く語り合います。

②指摘：体験を振り返り、そのときに自分やチームになにが起こったか（What?）、互いの相互作用のなかで起こったことを洗い出して、みんなで分かち合います。

③分析：なぜそれが起こったのかを分析して、それはなにを意味するのか（So What?）を考

え、一般化された教訓（レッスン）や原理（セオリー）を導き出します。

④仮説：その教訓を活かして、次になにをすればよいのか（Now What?）、目標や行動の仮説を導きます。このサイクルを何度も回して、考え方と行動の変容を目指します。

**改革に一歩踏み出す「組織変革型」**

体験学習型のプロセスを発展させたのが、**組織変革型**のプロセスです。組織や社会が抱える問題を出発点に、具体的な行動へと昇華させていきます。特徴は、異なる話し合いのモードを使い分けることです。この順番で進めないとチームが一枚岩となって行動できません。長丁場になる場合が多く、各ステップで話し合うテーマ（問い）に工夫を凝らす必要があります。

①会話：交流のための話し合いです。人や組織について、互いに感じていることや思っていることを語り、関係性を深めてきます。傾聴と共感が大切になります。

②対話：探索のための話し合いです。自分たちはなにを目指しているのか、なにを大切にしていくのか、活動の意味を掘り下げていきます。大事なのは質問と探究です。

③議論：行動のための話し合いです。人や組織を変えるための具体的な方策を、古い枠組みを打ち破って討議します。主張と創造が肝要になります。

④省察：学習のための話し合いです。ここまでのプロセスでなにを学んだかを振り返り、さらなる行動変容へとつなげます。重要なのは内省と対話です。

実際の場面で、これらのプロセスをどの程度の時間をかけて進めるかはケース・バイ・ケースです。一時にすべて進める場合もあれば、数日にかけて小分けで進める場合もあります。各ステップにかける時間も、テーマとチームの状況に依存し、一概には言えません。少なくとも、重要な論点にできるだけ多くの時間を割くようにしなければなりません。

各々の論点を、分かりやすく提示しないと、議論の的が定まりません。「なにが○○という問題を引き起こしているのでしょうか？」（原因分析）、「私たちができる最善の解決策はどんなものでしょうか？」（方策立案）といったように、論点を**問い**（質問文）で表現するのが秘訣です。心に響く**探究的な問い**をつくれば、論点への関心とやる気を高めるのに貢献します。

ひとたび会議の進め方を決めたら、脱線や先走りを防ぐのがファシリテーターの務めです。人はどうしても心に浮かんだ話を口にしたくなります。手綱を緩めていると連想ゲームのように話があちこちに飛びます。一時に議論できるのはひとつの論点だけです。そのためにこれらのプロセスがあるのであり、論点を保持（ホールド）することを忘れないようにしましょう。

## 3　話しやすい場をつくる

### メンバーの数と組み合わせを考える

場のデザインでもうひとつ大切なのが、話しやすい環境を用意することです。そのための要素のひとつが人、すなわち会議のメンバーです。

大人数の前で話をするには度胸が要ります。人は常に周りの人から、**集団圧力**という名のプレッシャーを受けているからです。聴衆が少ない、すなわち**グループサイズ**が小さいほど話しやすくなります。

総人数を減らせない場合は**バズ**という方法があります。横の人と軽く意見交換してから、どんな話をしたのか紹介してもらうのです。二人だと話しやすく、一度誰かに受け止めてもらえば、大人数に披露する勇気が湧いてきます。付箋で意見を集めたり、小グループに分けたりするのも良い方法です。常に全員で議論する必要はありません。どの論点を何人で話し合うか、プロセスのデザインに加えておくと、不測の事態にあわてずに済みます。

話しやすさはメンバーの組み合わせにも左右されます。**同質性**が高いと意見が出しやすくて議論も速いのですが、どうしてもアイデアの幅が狭くなります。課題が明確で、短期集中的に成果を出したいときに向いています。とはいえ、マンネリ化に注意する必要があります。

**異質性**が高いと発言が出にくくなり、合意形成に時間を要します。対立が起きやすく、下手をすると空中分解してしまう恐れがあります。反面、多面的な角度から検討でき、玉石混交にはなるものの、アイデアの幅が広くなります。新しい考えを生み出したり、不確実な状況のなかで議論するときに威力を発揮します。

関係性を取るのか、創造性を取るのか、どちらが良いとは一概には言えません。最初はギスギスしていても、**組織の社会化プロセス**（タックマンモデル：図表3－3）が進展すれば、心配が要らなくなることもあります。いずれにせよ、なにが発言しにくい空気をつくるかを理解して、最大限の仕込みをしておく必要があります。この話は第4章でも述べていきます。

### 居心地の良い空間をデザインする

話しやすさを決める二つ目の要素は、物理的な空間です。人は自然や周囲の環境とも相互作用を起こしているからです。

**図表 3-3　タックマンモデル**

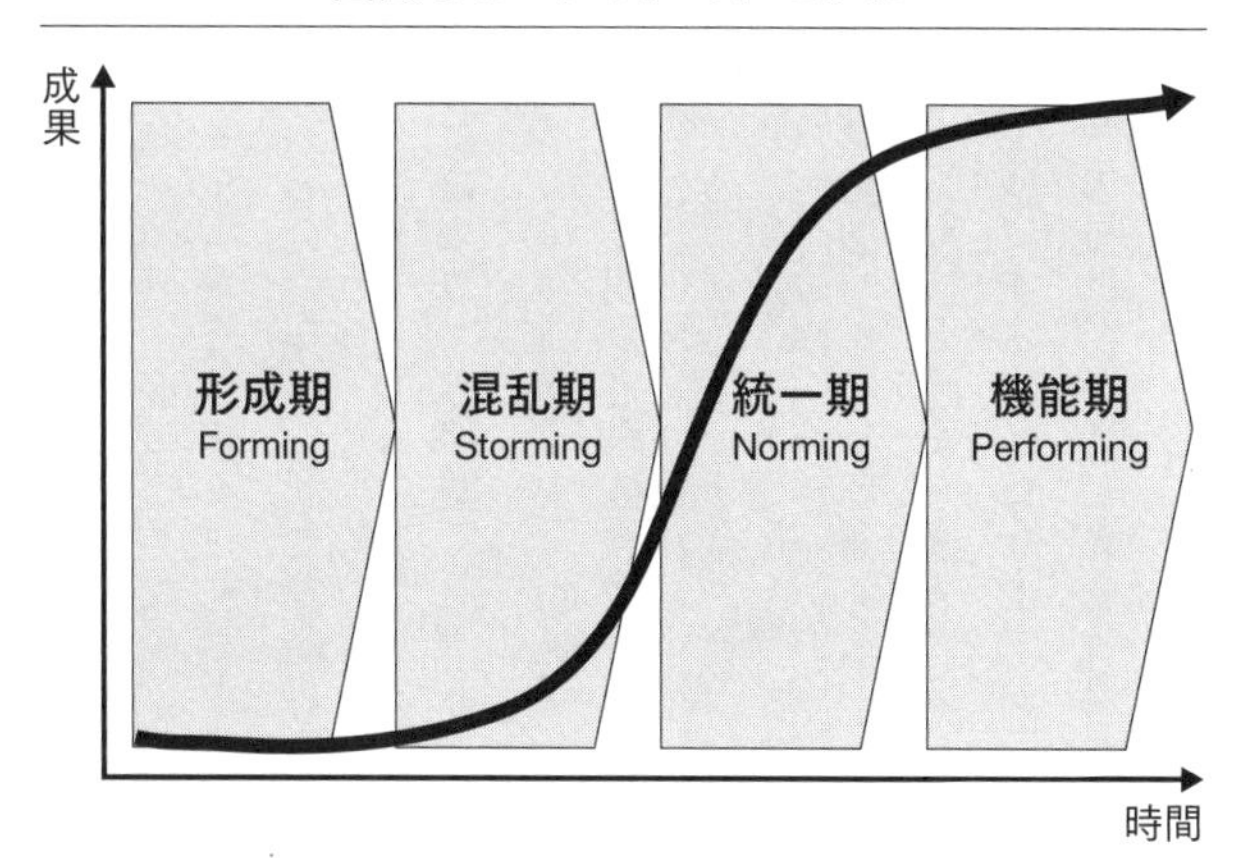


［原典］ブルース .W. タックマン

例を挙げると、狭くて暗くて天井が低く窓もない密室では、発言が湿りがちになります。かといって、広くて天井が高いホールで議論すると、話し合いが散漫になって盛り上がりに欠けます。案外、人間は空間から影響を受けており、活気ある話し合いにふさわしい**空間デザイン**があります。できるだけ気楽に真面目に話せるスペースを用意したいものです。

ネットで見ると、アメリカ西海岸のベンチャー企業のミーティングルームは遊び心いっぱいにつくられています。日本でも公共のインキュベーション施設にいけば、負けないくらいの素敵な会議室があります。創造性を高めるための工夫が随所に散りばめられており、部屋づくりの参考になります。

会議室そのものを改造するのは無理でも、絵を飾る、カーテンを替える、観葉植物を置く、パーティションで区切る、丸テーブルにするなど、アレンジはできるはずです。考えるよりもやってみるのが早く、試行錯誤のなかから最適な環境を見つけ出すしかありません。

なかでもやりやすいのが、机や椅子の**レイアウト**の変更です。日本の会議室は、長方形に机を並べた**ロ（コ）の字型**でセットされていることが多く、話しにくい原因のひとつになっています。互いの距離が遠い、中心が空いているため一体感がない、面と向かっている者同士が対立しやすい、机が心理的なガードになっている、からです。活発な議論は期待できず、形式的な同意形成型の会議に向いています。

発言がしやすいのは、机を寄せ集めてひとつの大きなテーブルをつくり、全員で囲む**ラウンドテーブル型**です。テーブルを小さくして、互いの距離を近づければ、さらに話しやすくなり、チーム意識も高まります。あるいは、机をなくして椅子をホワイトボードの周りに並べた**シアター型**にする手もあります。周囲の人と雑談がしやすいのも利点です。

この手の技は特段のテクニックが要るわけではありません。会議室にひと手間加える勇気さえあれば誰でもできるファシリテーションです。面倒臭いと思わず、メンバーの協力も仰ぎながら、居心地の良い空間をつくるよう心がけましょう。

**硬い空気をブレイクするには**

三つ目の要素として見逃せないのが心理的な空間、すなわち場の空気です。空気が硬いと話しづらいのは誰もが経験します。特にスタート時の「つかみ」が重要になってきます。

ワークショップでは、**アイスブレイク**と呼ばれる、氷（ice）のように冷たくて硬い雰囲気を壊す（break する）活動を入れるのが通例です。軽いウォーミングアップをして、緊張や警戒をほぐそうというのです。初対面の人同士であれば、互いを知り合うエクササイズが定番で、体を使ったゲームや頭をひねるクイズもよく用いられます。ワークショップのオープニングでは欠かせない活動となっています。

とはいえ、普段の会議で毎度自己紹介をやるわけにはいきません。そこでお勧めしたいのが**チェックイン**です。会議の参加者全員に三〇秒程度で一言ずつ発言を回していくのです。

お題は「今の気分」「今日の期待」「みんなに言っておきたいこと」「今気になっていること」「最近のニュース」など、気楽に話せるならなんでも構いません。ひとまわりすれば気分がほぐれると同時に、各々の心のなかが少し分かります。議論に入ったときに、発言の裏にあるものを理解する手助けになります。繰り返していけば、会議でもホンネが出やすくなります。

それもできないときは、ファシリテーター自身がブレイクさせるしかありません。場のリーダーであるファシリテーターこそ空気をつくる大元になります。ファシリテーターが繕ったり身構えたりすると、ぎこちない場になります。笑えない冗談は余計にみんなを緊張させます。

効果的なのは、素直にありのままの自分の姿を見せることです。失敗談を語ったり弱みを**カミングアウト**するのが効果的。人間系のワークショップでは**自己一致**と呼びます。そんな態度が、みんながありのままでいられる、**心理的安全性**の高い場をつくるのに寄与します。ファシリテーターの**あり方**が場をつくるわけです。

**ファシリテーターへのふたつの信頼**

場のデザインの最後に、一番やっかいな問題に言及しないわけにはいきません。誰をファシリテーターにするかです。その前に、会議の**役割分担**について軽くおさらいしておきます。

①意思決定者（リーダー）：最終的な結論を決定し、実行の責任を負います
②進行役（ファシリテーター）：話し合いのプロセスを舵取りして進行を司ります
③記録係（書記、板書係）：議論の内容を文書などに記します（②が兼ねる場合も）

④監視役（時計係など）：時間や約束が守られているかを監視します（②が兼ねる場合も）

意思決定者を置く場合と置かない場合があります。取締役会や国会など、重大な議論になればなるほど置かなくなり、全員の合意か多数決で決めることが多くなります。置く場合に、ファシリテーターを兼ねるのは不向きです。決裁者、すなわち組織の長がコンテンツもプロセスも握ってしまうと、独断専行（あるいは、その懸念から メンバーが発言する気を失う）になってしまうからです。リーダ

COLUMN

## 会議とワークショップをどう使い分けるのか？

真面目に気楽にしっかり話し合いたければ、会議よりもワークショップが向いています。ホンネを出し合うことでチームの結束が高まり、個人の学習や成長にもつながります。チームもメンバーも一皮むきたいということであれば、ワークショップに軍配が上がります。

とはいえ、いつもそこまでやる必要もありません。時間もエネルギーも要り、非日常な場をつくる手間もかかります。みんなのノリで予期せぬことを起こすため、結末が予測できません。論理よりも感情に光が当たりがちで、「お遊び」「ぬるま湯」と嫌がる人もいます。

つまり、日常的に発生する技術的な（やり方の）問題をロジカルに解決するには会議が効率的です。逆に、普段なかなか話し合えない適応的な（考え方の）問題に対して、解決の方向性をエモーショナルな面も交えて探索するのにはワークショップが適しています。

だからといって、両者は水と油ではありません。会議のなかにワークショップの手法を一部取り入れれば、話し合いの深みと活力がグッと高まります。どちらのファシリテーションも身につけておいて、良いところ取りをするのが賢い方法だといえるでしょう。

ー以外でプロセスを公平に舵取りできる人を別途立てるべきです。

中立的であれば望ましいのですが、組織のなかで選ぶ場合、そうも言っていられません。公平に議論をリードしていると信頼できる方であれば問題ありません。

信頼には二種類あります（山岸俊男『信頼の構造』）。ひとつは、ファシリテーターの**能力への信頼**です。もうひとつは、なに（誰）のためにファシリテーションをしているのか、**意図への信頼**です。自分のためではなく、世のため人のためであれば、任せてもおかしなことになりません。

さらにいえば、これらふたつの信頼があれば、意思決定者を兼ねられないわけではありません。これもあり方の問題になってきます。ただし、どこで自分の意見を披露するか、タイミングと言い方に気をつける必要があります。責任者ですから、ときにはチームの結論をひっくり返す決断力も求められます。その際は、チームへの**説明責任**を果たすことを忘れないようにしましょう。

# 第4章

# 対人関係のスキル
## ——受け止め、引き出す

## 1 「聴く力」で共感して分かち合う

### なぜ会議で意見が出ないのか

話し合いが始まれば、自由に意見を出し合いながら、テーマをいろんな角度から検討していきます。ファシリテーターは、多面的な考え方を引き出し、互いの理解と共感を深めていきます。さらに、一人ひとりの考えや思いを知ることで、その後の方向性を模索していきます。

この段階で起こる大きな問題があります。せっかくお膳立てをしても、意見が出ないのです。「ファシリテーション白書」（日本ファシリテーション協会）の調査でも、「発言が一部の人のみに偏っている」「ホンネで話すことができない雰囲気がある」が問題点ワースト2として挙げられています。なぜ、会議で意見が出てこないのでしょうか。

原因のひとつはコンテンツにあります。意見を出すだけの知識や経験がなく、話したくても「意見がない（思いつかない）」のです。参加したメンバーに問題があるケースです。

意見を出せない人がいても仕方なく、しかるべきコンテンツを持った人に参加してもらうのが対処法となります。「自分が貢献できないときは退出する」というルールを設けている企業があるくらいです。メンバーからはずすのが無理なら、どこかで知識や経験を身につけてもらうしかありません。事前に資料などを配って、議論の材料を提供しておくことも大切です。

ところが、「意見がない」ことは稀で、「意見があるのに言えない」というのが実情ではないでしょうか。会議室を出てから意見が出ることが多いからです。こうなってくるとプロセス、そしてチームが問題になってきます。

意見を言うと、無視される、批判される、責められる、恥をかかされる、などのネガティブな反応が返ってくる。だから意見を言うのを躊躇っているのです。メンバー自身よりも、関係性に問題があることになります。みんなが安心して話し合える場になっていないのです。

しかも、日本の会議にはふたつの困った特徴があります（岡本浩一『会議を制する心理学』）。多数派の意見になびく**同調傾向**と、「なにが正しいか？」ではなく「誰が言ったか？」に左右される**属人傾向**です。要は、意見と人の切り分けができておらず、後者が場に大きな影響を与えているのです。

そのため、「みんなはどうなのか？」「偉い人がどう思うのか？」が分からないと、怖くて発言ができません。先陣を切るのは危険であり、様子見を決め込むのが賢い戦略なわけです。

## コミュニケーションとは分かち合うこと

この段階のもうひとつの大きな問題はミス・コミュニケーションです。意見を言っても分かってもらえず、分かり合えないまま話が進んでいく場合がよくあります。

コミュニケーションの目的は、情報、知識、感情、意思などを**分かち合う**ことです。「相手と同じものを持つ」（星野欣生『人間関係づくりトレーニング』）行為を意味します。それができてはじめてコミュニケーションが取れたと言えます。

言葉が通じ合っているなら、互いになにを言っているか（メッセージ）は理解できるはずです。ところが、人それぞれに考え方の枠組みがあり、自分の枠組みのなかで正しく伝えたと思っても、相手は相手の枠組みで解釈します。メッセージの意味が通じているとは限りません。データや事実などの情報はコンテンツだけでは解釈できず、他の情報との関係性のなかで意味が理解されます。それを**コンテクスト**（文脈）と呼びます。考え方の枠組み、すなわち文化、習慣、規範、常識、価値観などがコンテクストです。

仮に、上司が部下に「考えておいてくれ」と言ったとします。上司のコンテクストでは、「検討しろ」という命令を意味しているのかもしれません。ところが部下のコンテクストでは、「検討に値するかどうかを判断せよ」と解釈するかもしれません。そうすると、「やれと言ったのに！」「そんなの聞いていません！」という論争になってしまいます。

ましてや心のなかの話は、言葉ではなかなか伝わりません。「考えておいてくれ」というのは、「今考えておかないと大変になる」という不安や恐れから出た発言かもしれません。あるいは、「タイミングを逸した」という焦りやプライドが背景にあるのかもしれません。

後述するように、心中にあるものは、目線、態度、口ぶりなど、言葉以外にメッセージが込められています。うまく読み解けないと、発言が本当に言わんとしている意味、すなわちホンネが分かりません。頭で分かる理解だけではなく、心が分かる共感も大事です。両方を分かち合ってこそコミュニケーションが成り立ったと言えます。

## 耳で聞くのではなく、心で聴く

誰もが安心してホンネで話し合える場をつくるにはどうしたらよいでしょうか。ファシリテーターが身につけるべきコミュニケーション・スキルを紹介していきます。

すべての基本となるのが**傾聴**（積極的傾聴：アクティブ・リスニング）です。一言でいえば相手の話をしっかりと聴くことです。英語なら、hear（聞く）ではなく、listen（聴く）に当たります。聴くという漢字の成り立ちが示すように、耳で聞くのではなく、心で聴くのが傾聴です。

普通の人は、話すスピードより聴くスピードが速く、考えるスピードはそれよりもはるかに速くなります。そのために、話を聴いているうちに隙間の時間ができてしまい、結論を先回りして想像したり、内容を吟味したりしがちです。次にどう答えようかと、自分の話したいことが頭のなかを駆け巡る人もいます。これでは、とても聴いているとはいえません。

傾聴するには、相手の話に全神経をフォーカスしなければなりません。そうすると、いわゆる「耳を傾けて聴く」という態度になるはずです。一所懸命に相手を理解しようと、相手の表情や動作にも注意を払うようになります。相手の目を見ながら、相手の言葉を待つようにもなり、ようやく正しい傾聴になります。

このときに大切なのは、相手が言う通りに話を受け止め、しっかりと共感することです。そうすれば、誰もが「受け入れられた」という安心感を抱き、ひとりの人間として尊重されている気持ちがします。安心して自分の考えを伝えようと思い、うまくすれば普段聞けなかったホンネの話も出てくるかもしれません。

### 意識を相手に向けつつ、開いておく

傾聴は一見簡単なようですが、真面目にやろうとするとなかなか難しいものです。やり方の秘訣は、相手の話に興味や関心を持って聴くことです。

たとえば、相手に質問をして即座に答えが返ってこないと、すぐに二の句を継ぐファシリテーターがいます。相手ではなく自分に関心がいき、**沈黙**に耐えられないのです。沈黙にはそれなりの意味があります。ファシリテーターにはとても長い時間であっても、考えている相手にとってはほんの一瞬です。本当に相手に対して関心があれば、一〇秒くらいは待てるはずです。それすらできないようでは、そもそも聴く気がないと思われても仕方ありません。

苦手な相手や嫌いな相手でも「良い点を見つけてやろう」「ためになることがあるはずだ」と思って話を聴けば、意外に新しい発見があるものです。またそうすることで、自分に対する相手の見方が変わり、関係性を変えるキッカケになります。

人と人が信頼を築く上での基本となるのが傾聴です。まずはファシリテーターが率先垂範をして、「今日はなにを言っても大丈夫」「少なくともファシリテーターが受け止めてくれる」ことを伝え、ファシリテーター自身が信頼を得るようにしましょう。そこから、メンバーにも傾聴を促し、チーム全体に輪を広げていきます。それが、安心して自分の意見が表明できる場を

つくる土台となります。

実際には、ファシリテーターの傾聴はもう少し複雑です。コーチやカウンセラーのように一対一で向き合うときは、相手にだけ意識を集中しておけば済みます。ところが、集団を相手にしているときは、「周りがどうなっているか？」を常につかんでおかないといけません。

ある人の発言を聴きながらも、「それがどのように受け入れられているか？」を、同時に把握しておく必要があります。正しく伝わっているか、支持や共感を呼んでいるか、緊張や不安を巻き起こしていないかなどを、場の空気から感じ取っていきます。さらに、誰が話をしたそうか、この発言が何を引き起こすか、次の展開も予想しておかなければなりません。

そのためには、常に**アンテナ**を立てておくことが大切です。相手に意識を集中しつつも、意識は開いておくのです。リスニングをしながらも、周りの様子をヒアリングとウォッチングをする技が求められます。

うまくできない間は、意識のスイッチを細かく切り替えるしかありません。後で述べるように、発言者を強く勇気づければ、しばらくは話に乗ってこちらへの注目が緩みます。その隙に周囲に目や耳を向けるのです。そうやって、相手、周囲、自分と、意識のスイッチの切り替えを繰り返しているうちに、目指す態度が少しずつ身についてきます。

## 2　「応える力」で認めて勇気づける

### リアクションで相手を承認する

しっかりと話を聴いているにもかかわらず、他の作業に手を出したために、「聴いているの？」と問われた経験が誰にもあると思います。あるいは、話を半分くらい聴いたところで、「で、なんなの？」と口走ってしまい、相手が話すのを止めてしまった経験はないでしょうか。

コミュニケーションの印象を決めるのは、送り手ではなく受け手です。真剣に話を聴いているつもりでも、**リアクション**（応答）がまずいと違う受け取られ方をしてしまいます。こちらの反応が相手へのメッセージとなってしまうのです。

傾聴とセットで使うリアクションが**相槌**（あいづち）です。四通りのやり方があり、同じ相槌を続けていると効果が薄れてきます。適宜使い分けて相手を飽きさせないようにしましょう。

①共感を示す相槌（反応）：「へ〜」「ほ〜」「なるほど」「さすが」「そうなんだ」

②次の話を促す相槌（質問）：「それで？」「だから？」「で、どうなったの？」

③話を繰り返す相槌（復唱）：「……なんだね」「……と思っているんだ」
④話をまとめる相槌（要約）：「要は……」「つまり……」「たとえば……」
これに体を使ったリアクションをつけ加えると、さらに効果は高まります。相手にぐっと近寄り、大きくうなずきながら「なるほど！」と言うように。具体的には、次の三種類の方法を取り交ぜて使います。
①目線：アイコンタクトを取る、目を見開く、じっと見る
②動作：うなずく、首（頭）を傾ける、軽く指さす、ほほ笑む
③態度：身を乗り出す、体を向ける、距離をつめる、振り返る
これらを少し強めに、オーバーにやるのがコツです。ファシリテーターは常に複数の人を相手にしている手前、ひとり当たりのやりとりの機会が限られてしまいます。チャンスをとらえて、しっかりと各人との関係性を築いておきたいものです。

だからといって、相槌を打つときに、「いいですね」「素晴らしい」と褒めるのは微妙です。褒めるのも評価のひとつであり、他のメンバーが「じゃあ、私の意見は素晴らしくないのか」となるからです。意図せぬ誘導にもつながりかねません。

「なるほど」「そうなんだ」くらいのニュートラルな言葉を用いるのが無難です。褒めて勇気

づけたいのなら、内容ではなく行動を褒めるようにします。「よく思いつきましたね」「勇気ある発言ですね」といった具合にやれば安全です。

## 要約でスポットライトを当てる

四種類の相槌のなかで、ファシリテーターに特徴的なのが**要約**です。

受け止めたことを伝えるだけなら、相手の発言をオウム返しする**復唱**で構いません。ところが、ファシリテーターは常にグループを相手にしています。発言の真意を確認しておかないと、誤解をもとに議論があらぬ方向に進みかねません。発言の解釈を統一しておかないと、話がかみ合わなくなります。発言を要約すれば、「今の意見は○○という意味ですよ」とみんなに伝えることになります（以降の会話文では、Mが会議に参加しているメンバー、Fがファシリテーターを指す）。

M　：アイデアは悪くないと思うよ。ただ、なにか心に響くものがなくてねえ。今ひとつしっくりこないんですよ……。

F　：要するに、もっと心に響くものがほしい、というわけですね？

必ずしもすべての発言を要約する必要はありません。自信のない人、真意を測りかねる意見、あいまいな発言、文末まで言い切っていない意見などに対してするだけで十分です。加えて、特定の発言に**スポットライト**を当てるために、要約をするケースがあります。重要な意見、新たな視点を含んだ意見、みんなが注目した意見などを要約して、場に流されないように強調します。これも、露骨にやると誘導になりかねないので注意が必要です。

M：「キレがない」というのは、裏を返せば「安心感がある」ということなのかもしれませんよ。そこを攻める手もあるんじゃないかと……。

F：なるほど！　皆さん聴きましたか。弱みを逆手に取ろうというのですね。

発言者の真意をコンパクトにまとめるのが要約です。だからといって、「要は会社の話ですね」「つまり反対なんだ」などと短すぎると真意が伝わりません。それどころか、本当に受け取ってもらえたのか不安になり、逆効果になります。短ければ短いほどよいとは限らないのが、要約の難しいところです。

秘訣は、発言者が使った言葉をそのまま抜き出すところにあります。重要な言葉（キーワード）、何度も繰り返される言葉、オリジナルな言葉、こだわって使っている言葉などを見つけ出します。それらを取り出すだけで、相手は「理解してもらえた」と感じてくれるはずです。

M：あれでは勝負にならないよ。もっと今風なデザインにしないと。あれで若い子が飛びつくと思っているの。もう一度試作をやり直すべきだと思わない？

F：若い子が飛びつくよう、今風につくり直してほしいのですね。

ただし、いつも発言から抜き出せばよいという話ではありません。相手の言いたいことを見抜いて、もっと適した言葉に言い換えてあげる場合もあります。そのために大切なのはボキャブラリーです。あれこれ言い換えれば、一番しっくりくるものが見つかるはずです。

M：ほら、得意技というか、その人しかできないスゴ技というか、そんなのがあの人にはあるんだよ。この道三〇年のベテランならではの。

F：要は、「名人芸」があるのですね。

対立が激化したときも言い換えが大切です。相手を傷つける言葉をそのまま要約したのでは、喧嘩をあおるようなものです。人と意見を切り離すのがポイントとなります。

M：人事部が言っていることは根本的に間違っている！
F：まったく違う意見をお持ちなのですね。

## 人はリアクションでモチベートされる

多くの人は、意にそぐわない人を見ると、本人の性格や意思の問題にしてしまいます。「やる気がないから意見を言わない」と考えるのです。では、なぜやる気がないと判断するかといえば、意見を言わないからです。これでは循環論法に陥ってしまい、なにも語ったことになりません。

実際には、やる気があるのに、状況（関係性）がさせているのかもしれません。そう考えて、状況を変えることを考えるほうが、よほど近道です。相手を変えることはできなくても、状況は自分で変えられます。まさに第1章で述べた、「相互作用」に着目したアプローチです。

たとえどんなに無口でおとなしい人でも、なにかの偶然で考えを漏らすことがあります。そのときに、「よく言ってくれた」「さすが、田中さんだ」「勉強になるよ」とポジティブな反応を返せば、また意見を言おうという欲求が芽生えてきます。反対に「え、それだけ?」「よく考えたか?」「違うだろう!」とネガティブな反応を返すと、二度と余計なことは言うまいと決意させてしまいます。

人は、「発言したい」という欲求があって、「発言する」という行動を取ると思いがちです。それもありますが、「発言をする」という行動をしたときの周りの反応によって「発言したい」という欲求が芽生えるとも言えます。

これが、「行動はすぐ後の状況の変化によって決まる」とする**行動分析学**の考え方です。発言しないのは、本人の心や性格に原因があるのではなく、周りの直後（一分以内）の反応によって決まると考えます。だから、リアクションが相手を勇気づけるのに大切なわけです。人は常に相互作用のなかで生きていることを忘れないようにしましょう。

## 3 「観る力」で場を読んで投げ返す

### 三つの非言語メッセージを読み解く

人と人が関わる場では、ふたつの戦いが繰り広げられています(図表4－1)。ひとつは、**論理戦**です。「私は○○だと思う。なぜなら……」「それは違う。△△であるべきだ」という戦いです。意見、主張、思考、要求などのせめぎ合いです。

論理戦が氷山の水面上の部分なら、水面下にあるのが**心理戦**です。「負けてたまるか」「なぜ、お前にそんなことを」といった感情、意地、プライド、恐怖などの戦いです。この部分が論理戦に大きな影響を与え、さまざまな人間模様が展開されます。

一対一の場ならまだしも、大人数の会議では強い集団圧力がかかっています。そのため、分かりやすい論理戦にばかり光が当たり、心理戦の部分が見えづらくなります。下手をすると、感情を置き去りにして議事を進めてしまい、後で痛い目に遭う羽目になります。

心理戦を読み解く鍵は、言葉以外の**非言語メッセージ**に表れています。代表的なものは次の

**図表 4-1　論理戦と心理戦**

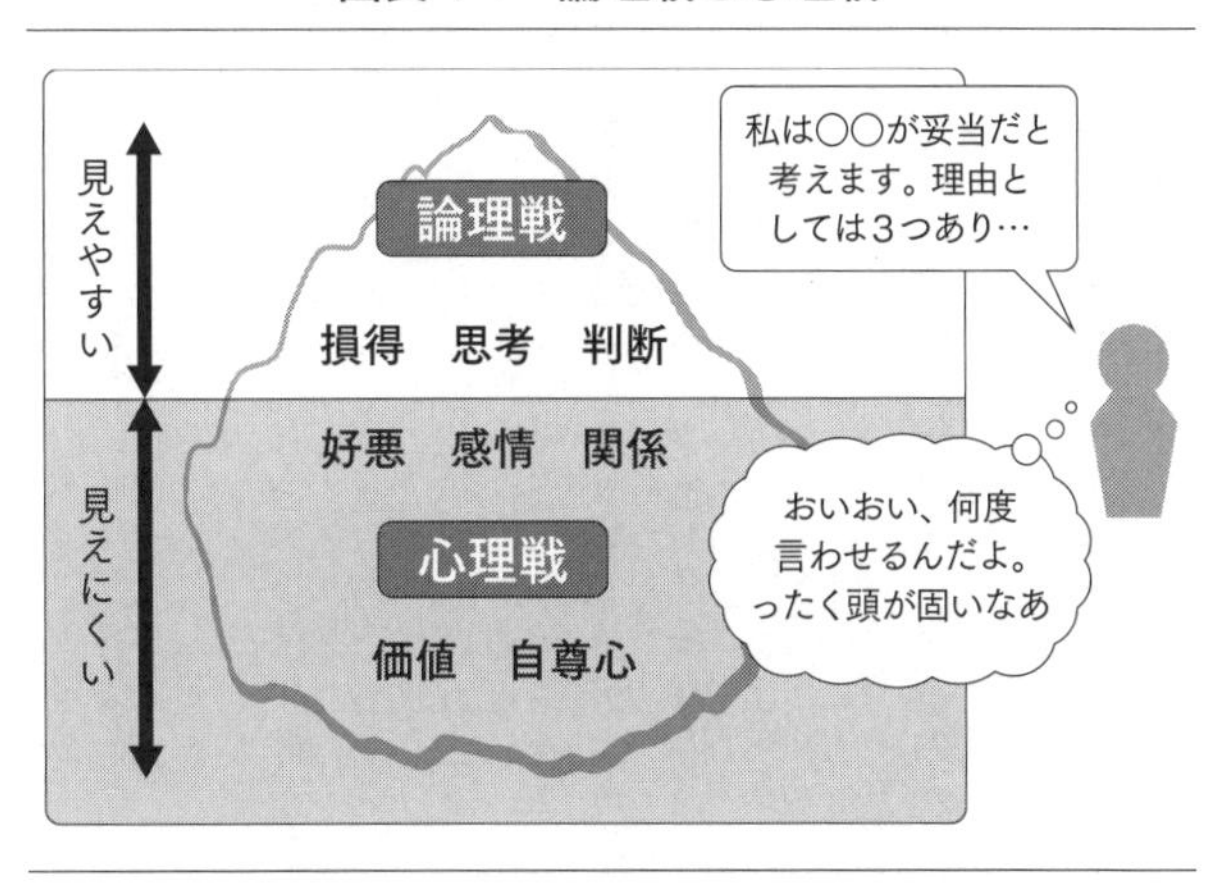


三つです。

①口調

声の高低や大小、話す速度（テンポ）、間合い、声の調子（トーン）、抑揚などです。言葉では丁重に受け答えしていても、意見に賛同しているのか、納得がいかないのか、口調には正直に表れるものです。また、興奮すれば声の調子や話すペースが上がり、気が進まないときは、調子が下がって抑揚も平板になります。話の間合いや声のふるえにも気持ちが表れます。

②表情

「目は口ほどに物を言う」といわれるように、目は大変雄弁にいろいろなことを物語ってくれます。視線の方向（動き）、視線の強弱（焦点の定め方）、目の大小が注目ポイントです。脳の働きと関係づけて意味づけする手法もありますが、頬、鼻腔、口元などもあわせて、表情全体からメッセージを読み取るようにします。

③態度

メッセージの解読方法がかなり研究されています。たとえば、身を乗り出すのは興味があるときであり、ふんぞり返るのは不満や批判があるときです。腕や足を組むのはブロッキングといって、相手の意見に抵抗しようとするサインです。また、顔の前で手を組むのは、交渉のときなどに使う戦闘的なポーズといわれています。他にも、話すときの距離や、叩く・なでるといった接触行動にもメッセージが込められています。

ただし、非言語メッセージ全般にいえますが、文化が違えば解読方法も異なります。とんでもない読み違えをしないように気をつけましょう。

## 心のなかでなにが起こっているのか

これらのメッセージをつかまえるには、「聴く力」に加え、「観る力」を養わなければなりません。観る（look）とは見る（see）とは違い、本質を見つけ出すためによく観察することです。一人ひとりにフォーカスして、その人のなかでなにが起こっているのかをつかむようにします。

まずは、相手は一体どんな気持ちでいるのか、感情を読み取ることに全力をあげます。満足や高揚しているのか、不安や恐れを感じているのか。緊張や躊躇いはないか、敵意や葛藤を抱いていないか。言いたくても言いだせない気持ちが、体からにじみ出ているに違いありません。

ときには、口で言っていることと、体が語っていることが矛盾している場合があります。**ダブルメッセージ**と呼びます。後者を心の声として表現すると、どんな言葉になるでしょうか。大抵の場合、そちらが本当のメッセージです。

さらに、場への関わり方も見逃せません。どれくらい積極的に参加して、どの程度話し合いに没入しているか。どんな意図でどのようにチームを関わろうとして、どんな役割を果たそうとしているか。言葉の裏で起こっていることを読み解いていきます。それができてはじめて、相手に配慮したきめ細かい進行ができます。

一例を挙げると、相手に発言を振ったときに「特にありません」と逃げられてしまう場合があります。本当にないのか、あっても言えないのか、口ぶりや間合いから推察するしかありません。後者だと分かったら、もう一歩踏み込むべきです。

よくやるのが、確認をかねて、観察した事実（言動や状態）をそのまま相手に**フィードバック**する方法です。言い当てられて、観念して話をしてくれるのを期待する、**プル**の戦法です。これなら相手を傷つけたり、気まずいムードになることもありません。

M：そう言われても……意見なんて特にありませんよ。

F：あれ、一瞬、沈黙がありましたね。言い方もモゴモゴと。

もう少し**プッシュ**したければ、こちらの解釈をそのまま伝えて促すやり方があります。ただし、関係性が十分に築かれていないときは要注意です。使い方を間違えると、相手は「お前になにが分かるんだ」「どうして、そこまで」となって、心の扉を閉じてしまいかねません。

M：そう言われても……意見なんて特にありませんよ。

F：本当はあるんですよね。あえて、言うとしたらなにを述べますか？

## 心理戦を読み解いて指摘する

さらに大切なのが、チームのなかでなにが起こっているか、場全体の相互作用を把握することです。これこそまさに心理戦であり、以下のポイントに着目します。

①活動の様子

コミュニケーションの特徴をとらえるところから始めるのが簡単です。量は十分か、誰と誰のやり取りが多いか、お決まりのパターンはないか、偏りや片思いはないか、真面目にやっているか、などを観察します。一人ひとりを観るだけではなく、互いの言動がどう相手に影響を与えたか、相互の反応の仕方を観察する必要があります。

②場の空気

開放的か閉鎖的か、温かいか冷たいか、友好的か対立的か防御的かなど、チーム全体の雰囲気を感じ取ります。時間とともに変化するため、盛り上がり具合をグラフにするのも良い方法です。誰かの一言で緊張が走ったり、場がドッと沸くことがあります。**ホットスポット**と呼ばれる、みんなの気持ちがひとつになった瞬間で、なにが起こったのか読み解くようにします。

③集団行動

互いはどんな関係性にあるか、誰がどんなリーダーシップを発揮してそれに従うのは誰か、活動のなかで互いにどんな役割を演じているか。話し合いの進み方に特徴的なパターンやトレンドはないか。規範、暗黙の前提、タブーといった無意識に共有している考え方はないか。チームに働いているさまざまな力をつかまえるようにします。

こちらも、直接フィードバックをしたり、自分の解釈を披露すれば、**自覚を促す**ことにつながります。心理戦の部分をみんなで共有できれば、ホンネで議論しやすくなります。

M：やっぱりなにか手を打たないとまずいんじゃないかな。

F：あれ、急にみんなのテンションが下がってきましたね。「下手に発言するとお鉢が回ってくる」といったムードなのでしょうか？

M：ご指摘の通り。誰がやるかは後にして、なにができるかを先に考えましょうか。

こういった行為を**リフレクション・イン・アクション**と呼び、話し合いを促進するのに欠かせないテクニックのひとつです。図星なら大抵は笑いがおき、はずれたら微妙な空気になります。ぶつけてみて反応を見るのが、見立てが合っているかどうかを確かめる最善の方法です。

なかには、空気を読むのが苦手な人がいるかもしれません。それでも、妙な空気になったことくらいはキャッチできるはずです。違和感があることさえ分かれば、「なにかご不満の点があるのですか?」「あれ、納得しておられない顔をされていますね?」と質問ができます。

分からなければ素直にメンバーに訊く、というのも技量のひとつです。なにも恥ずかしい話ではなく、ファシリテーターの疑問や悩みをチーム全体で共有するのは、むしろ望ましいことです。ファシリテーターは常に、自分が分かっていること、分かっていると思っていること、分からないことを区別し、無知に対する真摯な姿勢を大切にしなければなりません。

あるいは、休憩時間を利用する手もあります。会場のあちこちから、「あれは言い過ぎだよね」「実は、ホンネを言えば……」といった囁(ささや)きが聞こえてくるからです。聴き耳を立てれば、論理戦の裏にある心理戦が手に取るように分かります。進行に対する愚痴や要望も飛び出します。本当に大切なことは休憩時間に語られます。絶好の時間にやれやれと一息ついているようでは、まだまだ半人前だと言わざるをえません。

## 4 「訊く力」で引き出して深める

### なにを問いたいのかを明らかにする

意見を引き出すためにもうひとつ欠かせないのが「訊く力」です。議論の進み具合に応じて当意即妙の質問ができるかどうかは、ファシリテーション能力の中核を成します。チームの自発的な力を引き出すのにも**質問**は欠かせません。

質問の役割は、相手から情報や考えを引き出すところにあります。もうひとつ、お題を与えて相手に考えさせる役割もあり、**発問**とも呼びます。いずれの場合も「いかがですか?」「なにかありませんか?」では、なにを問われているかが分からず、考えようがありません。意見が出たとしても、中身がばらばらで後でまとめるのに苦労します。

質問でもっとも大切なのは、「なにに対する答えがほしいのか?」「なにについて考えてほしいのか?」、質問の意図が分かるように尋ねることです。そうしないと、回答者に「なにを問われているのだろうか?」と考える負担をかけてしまいます。結局、質問者の意図が読めず、察するのが面倒になって、「特にありません」「前の人と同じです」と逃げられてしまいます。

まったく自由では物事は考えづらく、適度に絞られたほうが考えやすくなります。そのためには、問いたいことを考えてから質問するしかありません。質問文も必然的に長くなります。

最初に覚えてほしいのは、内容の使い分けです（図表4－2）。五つの種類があり、なにを問うているのか分かるようにして尋ねましょう。文末をあいまいにしないのがコツです。

F：なにがありましたか？　どんなことをご存じですか？（事実・経験）
F：どのように感じましたか？　どんな気持ちがしましたか？（知覚・感情）
F：どのように考えますか？　なぜそうなるのでしょうか？（思考・考察）
F：なにが大切ですか？　なにをすべきなのでしょうか？（価値・信条）
F：なにをこれからやりますか？　どうしたいですか？（決定・行動）

五種類の質問は、この順番で答えやすくなります。いきなり「なぜ？」「どうする？」と問いつめるのではなく、事実や経験から入るのが質問のセオリーです。

疑問詞の使い分けで覚えるやり方もあります。What（モノ・コト：なに？）、Who（人・組

## 図表 4-2　代表的な質問技法

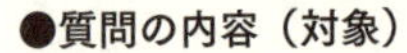

●質問の内容（対象）

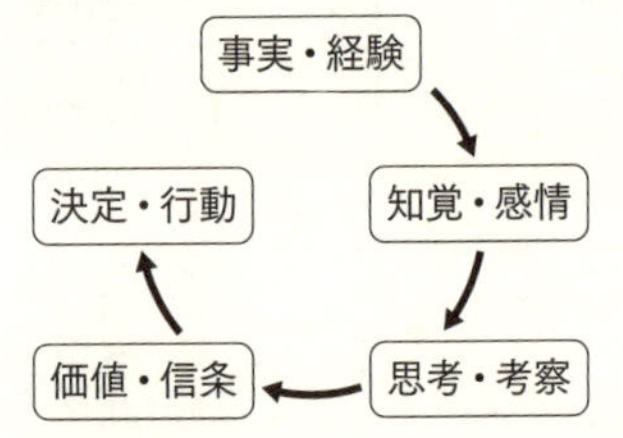


| | | |
|---|---|---|
| What | モノ・コト | なに？ |
| Who | 人・組織 | だれ？ |
| When | 時間・機会 | いつ？ |
| Where | 場所・場面 | どこ？ |
| Why | 理由・目的 | なぜ？ |
| How | 方法・程度 | どうやって？ |

●質問の視点

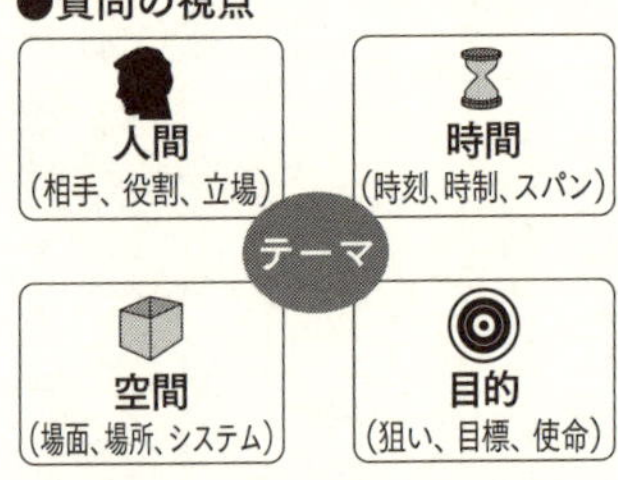


●質問の方向

| | |
|---|---|
| 拡大 | たとえば、他に |
| 収束 | 要は、なかでも |
| 否定的 | なぜ、どうして |
| 肯定的 | どうすれば |
| 仮定 | 仮に、もし |
| 強制 | 逆に、あえて |

●質問の形式

| | オープンクエスチョン<br>開いた質問 | クローズドクエスチョン<br>閉じた質問 |
|---|---|---|
| 特徴 | 5W1Hのように質問に対する答え方が決まっておらず、回答者が自由に答えられる質問。 | イエスかノーかのようにあらかじめ答え方が決まっている、選択型もしくは定量化を求める質問。 |

| | | | |
|---|---|---|---|
| Will | …… したいですか？ | Should | …… べきですか？ |
| Can | …… できますか？ | May | …… てもよいですか？ |
| Must | …… のはずですか？ | | |

▶ 相手に何を問いたいのか、質問者の意図を明らかにして、具体的に質問するのがコツです。なかでも質問の文頭と文末をあいまいにしないように。

織：だれ？）、When（時間・機会：いつ？）、Where（場所・場面：どこ？）、Why（理由・目的：なぜ？）、How（方法・程度：どうやって？　どれくらい？）です。

これに視点を加えると、さらに答えやすくなります。「どうしたらいいと思う？」と尋ねられて答えにくいのは、問われている前提が分からないからです。自分の意見なのか組織の見解なのか、すぐにできる話なのか長期的な取り組みなのか。質問者が見ている視点や質問の範囲が分からないと答えづらくなります。

視点には大きく四種類あり、内容と組み合わせて使うと的が絞られてきます。

F：あなたは、どう思いますか？　課長の立場ではどう考えますか？（人間）
F：明日からできることはなんですか？　五年後にどうなりたいですか？（時間）
F：東京ではどんな状況ですか？　グローバルで考えるとなにが大切ですか？（空間）
F：○○するためにはどうしますか？　○○に役立つことはなんですか？（目的）

**ふたつの質問形式を組み合わせる**

質問の形には大きく分けて二種類があります。**オープン・クエスチョン**（開いた質問）と**ク**

**ローズド・クエスチョン**（閉じた質問）です。

オープン・クエスチョンとは、先ほど紹介した5W1Hで訊く質問です。受け手がオープンに答えられるので、訊き手のコントロールをあまり受けません。そのために、どちらかといえば、話を広げていく質問になります。自由に発想を膨らますときや、なにかを探求したり内省したりするときに効果があります。だからといって、「どう？」とアバウトすぎる質問は答えづらい、という話は前述の通りです。

一方のクローズド・クエスチョンは、受け手がイエスかノー、あるいは定量的に答える質問です。話を絞り込んだり、あいまいな発言のポイントを探り当てたりするために使います。先ほどとは違い、訊き手が主導権を握り、答えをコントロールできます。口火を切る意味では答えやすい反面、やりすぎると相手は閉塞感を感じてしまいます。自分の意見を披露してから「だよね？」と同意を求める質問も、誘導になりかねず要注意です。

ふたつの質問は、どちらか一方だけを使っていると、いつか話が行きづまってしまいます。話が狭くなりすぎたらオープンで広げ、逆に大きくなりすぎたらクローズドで絞り込む。両方をバランスよく使うのが上手な質問法です。自在にコントロールできるようになれば、話を深める技術がレベルアップした証拠です。

Ｆ：今の仕事に満足しておられますか？（クローズド）
Ｍ：そう聞かれれば、不満があると言わざるをえませんね。
Ｆ：どういった不満をお持ちなのですか？（オープン）
Ｍ：具体的に言いにくいのですが、なんとなくやる気が出ないんですよ。
Ｆ：それは、最近そのようになってきたということですか？（クローズド）
Ｍ：そうなんです。そもそものキッカケは……

他にもファシリテーターがよく使う質問形式がいくつかあります。オープン・クローズの応用として、物事を具体的にしたり、選択肢を広げていく**拡大質問**と、抽象的にしたり選択肢を絞り込んでいく**収束質問**があります。両方を組み合わせることで、物事の意味がはっきりし、思考が深まっていきます。要は、話の塊（チャンク）の大きさを動かすのです。

Ｆ：たとえば、どんなものがありますか？　他になにが考えられますか？（拡大質問）
Ｆ：つまり（要するに）なんなのでしょうか。なかでもどれが重要ですか？（収束質問）

問題解決型の議論をしていると、ネガティブな考えに陥ったり、議論が行きづまってしまって、新しいアイデアが出にくくなることがあります。そういうときに、「なぜ?」「どうして?」を繰り出すと**否定的**な雰囲気になります。そういうときこそ、ポジティブな方向に思考を向けさせる**肯定的**な質問が大切になります。WhyではなくHowに目を向けるのです。

F:なぜ（Why）失敗したのですか? 誰（Who）がまずいのでしょうか?（否定的）

F:なに（What）を変えますか? どうやったら（How）成功しますか?（肯定的）

さらに強力なのが、思考の壁を打ち破る質問です。代表的なのものに**仮定質問**と**強制質問**があります。質問が鉤（かぎ）（フック）となり、新しい気づきを引き出し、自らが築いた思考の壁に揺らぎを与えてくれます。「特にありません」で逃げられそうになるときに効き目があります。

F:仮に（もし）なんでもできるとしたら、なにをしますか?（仮定質問）

F:あえて（強いて）やれることがあるとしたら、なんですか?（強制質問）

## パスを回して思考をつないでいく

実際の話し合いでは、これらの質問を縦横無尽に組み合わせていきます。その場合に考えないといけないのが、誰に質問を投げるかです。

ファシリテーターはグループ全体を相手にしなければならず、あまり長い時間特定のメンバーとのやりとりに終始するのは望ましくありません。相互作用を高めるには、できるだけパスを回していかねばならず、司令塔の役割をファシリテーターが担うことになります。

たとえば、メンバーが回答を返したときに、ついファシリテーターが応答しがちになります。ときには、自分は鏡になって他のメンバーに投げ返してみましょう。**リレー質問**と呼びます。

F：なぜあのときにそれをやらなかったのですか？
M：我々の勇気が足りなかったのでしょうか……
F：今のご意見を、皆さんどう思われますか？　同じ意見の方は？

同じ意見なら話がしやすく、意見の追加も容易です。同じ意見の人がいると、最初に述べた人も「ひとりじゃない」と安心できます。ひとまず同意見の人に振るのが常套手段です。

自由に意見を出し合う発散のステージでも、誰にどんな質問を振るかで、アイデアの出方が大きく変わってきます。たとえば、発散の場でよく用いられる手法に**ブレーンストーミング**があります（図表4－3）。「自由奔放」「批判厳禁」「便乗歓迎」「質より量」の4つのルールに従って、集団でアイデアを出していく方法です。ところが意外と盛り上がらず、個別に考えた案を持ち寄ったほうがマシだったりします。うまく相互作用が起きないのです。

みんなの連想をつなげていくのがブレーンストーミングです。アイデアには、幹となる抽象的なものと、枝となる具体的なものがあります。ファシリテーターとしては、枝を伸ばしたほうがよいのか、新たな幹を探したほうがよいのか、優れたアイデアに至る鉱脈を見分けるセンスが求められます。

しかも、枝を広げるのが得意な人もいれば、新たな発想で幹を立てるのが得意な人もいます。相手をよく考えて指名しないと、パスがつながらなくなります。

M：いっそのこと、女性を狙ったらどうでしょうか？

F：なるほど。では、ターゲットを変えるシリーズで攻めてみましょうか。山田さん、こ

## 図表4-3　意見を引き出す手法

| 手法 | 進め方 |
| --- | --- |
| 手挙げアンケート | 選択型の質問の回答を挙手で意思表示して議論の口火を切る。 |
| バズ | 2〜3人で集まって、テーマに関して思ったことを雑談する。 |
| ペア<br>インタビュー | 2人で各々の思いや考えを取材し合って互いの理解を深めていく。 |
| ブレーン<br>ストーミング | 4つのルール（①自由奔放、②批判厳禁、③便乗歓迎、④質より量）を守りながら、自由にアイデアを連想していく。 |
| ストラクチャード<br>ラウンド | 順番に発言を回し、誰かが話をしているときは、他のメンバーは傾聴に徹する。トーキングスティックを使うとよい。 |
| ダイアローグ | テーマの本質に関わる新たな考え方を探求する話し合い。 |
| ワールドカフェ | 小グループに分かれ、メンバーを交代しながら対話を重ねていく。 |
| ディベート | 賛成派・反対派に分かれ、自説を主張し、相手に反論をする。 |
| 親和図法 | 意見を付箋に書き出して、似たような意見をグループ化して見出しをつけていく。それを小→中→大グループと繰り返す。 |

▶ **短時間でできる使いやすいものから順番に並べています**

の点で他に思いつくアイデアはありませんか？

行きづまったら、ファシリテーターが枝（例）を出すか、新たな幹（切り口）を示す必要も出てきます。一旦ボールをホームポジションに戻してパスを出し直すのです。

F：たとえば、新たなメリットをつけ加えるという視点ではどうでしょうか。具体的には、ポイント制にするとか。その線で田中さん、いかがですか？

しかも、質問には**タイミング**があり、せっかく適切な人に振っても、間が悪いと出てこないことがあります。相手の特徴や様子を把握する力があってはじめて訊く力が発揮できます。

**質問を使って自己主張する**

質問の話の最後に、もうひとつだけ違う使い方を述べておきましょう。

ファシリテーターが進め方について自分の意見を述べたり、観察結果をフィードバックしたりする場合があります。そのときに、「時計回りに発言をしていきます」などと断定調に述べると、押しつけがましいと感じる人がいます。感情的に反発して受け入れにくくなります。

そうならないよう、**非攻撃的自己主張**と呼ばれる、柔らかく自分の意見を伝えるやり方があります。質問を使えばあたりがソフトになります。

F：○○という進め方はいかがでしょうか？

F：△△のように思えるのですが、いかがお考えでしょうかね？

COLUMN

## 問題児にどう対処すればよいのか？

やたらと話が長い人など、会議の民主的な運営を妨げる人を「問題児」と呼ぶことがあります。アドラー心理学では、この手の不適切な行動は、注目を集める、権力を握る、復讐する、無力さを示す、が目的であると考えます。皆さんを悩ましている方はどのタイプでしょうか。

まずは、せめて会議の場でやらないよう、普段の生活のなかで自己愛を満たしてもらえないか考えてみましょう。とはいっても、相手を変えるのは至難の業であり、こちらの関わり方を変えるしかありません。本気で関わる覚悟がないと相手には届きません。

会議の場でできるのはフィードバックです。自分の心のなかや場で起こったことを、素直に相手に伝えて、自ら気づいて変わってくれることを期待するのです。それには、フィードバックできる（受け入れる）だけの関係性を築いておかなければなりません。

ひょっとすると、相手は問題児ではなく、状況に反応しているだけかもしれません。成功事例を再現すれば、問題行動が減る可能性があります。いずれにせよ、相手を問題児扱いしていては、なにも変わりません。相手を見る目を変えるところから始めてみてはいかがでしょうか。

どちらかといえば、同意を求めるクローズド・クエスチョンより、広く意見を募るオープン・クエスチョンのほうが、押しつけ感が減ります。語尾が**不完全な質問**にしたり、「私が間違っているかもしれませんが……」「個人的な意見なんですけど……」といった言葉を頭につけると、さらに柔らかい印象を受けます。

相手に反論する場合や質問に回答する場合でも、一旦は発言を受け止めた上で、質問で意見を返すと反発を受ける場合が少なくなります。そのときに、受け止めた意見を全面的に否定するのではなく、「さらに、こういう意見はどう思いますか?」という**追加型の表現**のほうが、相手は受け入れやすくなります。But ではなく And で返すのです。

F：Aというわけですね。さらにBについてお考えになるのはどうでしょうか?

こういった非攻撃的自己主張のスキルを身につけておけば、余計な反発をくらうことなく、こちらの意思が表明できます。チーム全体でもこのような言い回しができれば、議論がおだやかになり、感情的な対立を防ぐのにも役立ちます。

# 第5章

# 構造化のスキル
## ——かみ合わせ、整理する

## 1　意見のロジックを整理する

### 誰もが認める筋道をつくる

発散が終わり、意見があらかた出尽くしたら、いよいよ収束に向けて議論を整理していきます。「意見がまとめられない」と嘆く人の多くは、整理がうまくできていません。そのせいで、「どのようにまとめていけばよいか?」が見えてこないのです。

そもそも、会議は結論が出ればよいという話ではありません。合意した結論が正解、すなわち問題解決や意思決定に対して、もっとも合理的な答えでなければいけません。使えない結論やまっとうでない答えを合意しても意味がありません。

そのためには、分かりやすく整理するのはもちろん、誤った考えや実現できない意見は、取り下げるか修正してもらわないといけません。検討のヌケモレもできるだけなくさないと、後で足をすくわれる恐れがあります。発散のステージで集めた材料を、下ごしらえして整えるために欠かせないのが、今から述べる構造化のスキルです。

図表5-1　論理の3点セット

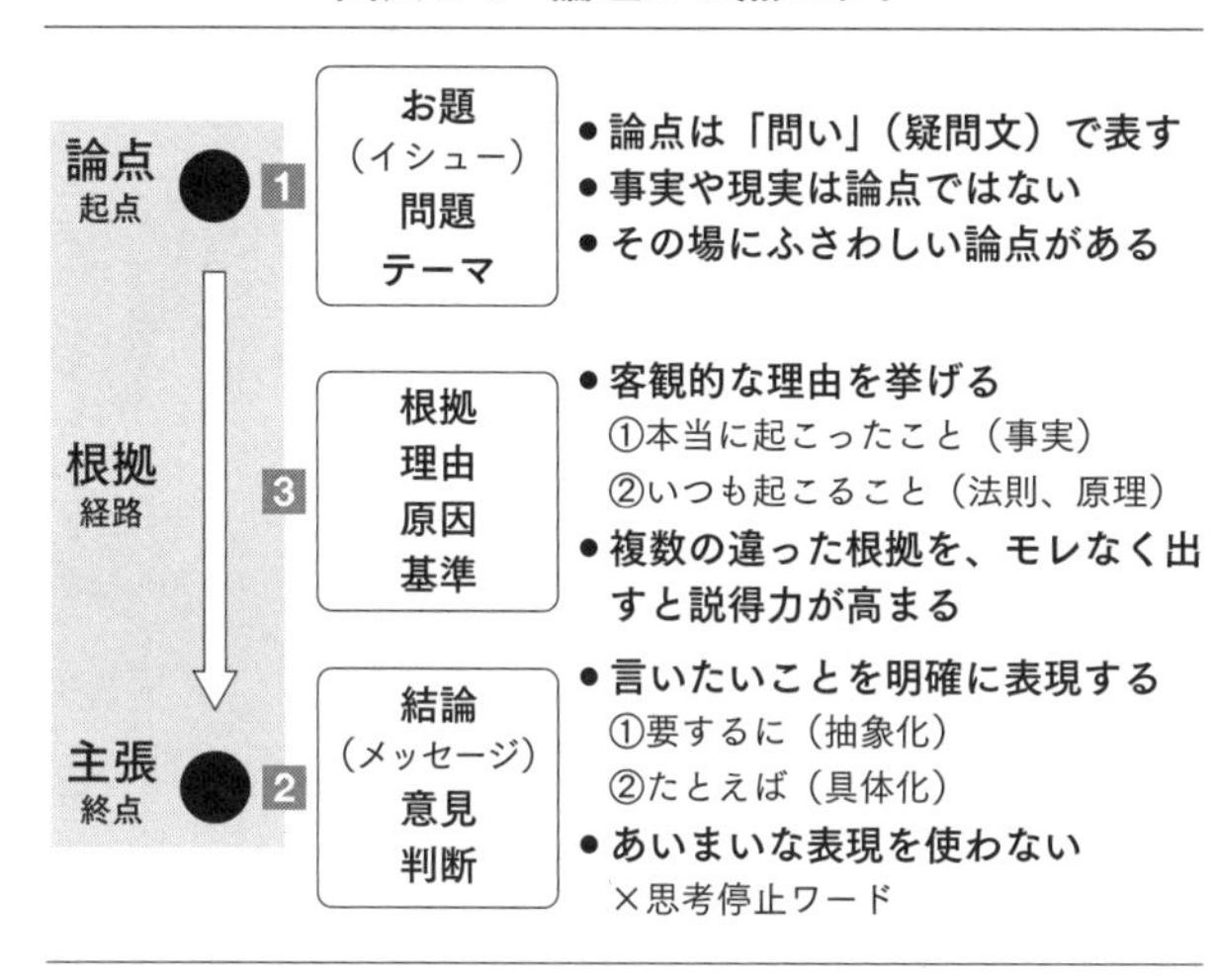


拠り所となるのは**論理**（ロジック）です。一〇人いたら一〇人とも正しいと認める、まっとうな考え方の筋道が論理です。ファシリテーターが論理をチェックすれば、相互理解が深まり、議論がかみ合うようになります。話し合いの内容を合理的に整理できれば、全体像がつかみやすくなります。どこを議論すればよいか、論点も絞られ、混沌とした状況のなかでゴールに向けての一筋の光明が見えてきます。

まずは、一人ひとりの意見を論理的に整理するところから始めましょう。そのときに役立つのが**論理の三点セット**です（図表5－1）。論理とは筋道ですから、なにを起点にして（論点）、どこを通って（根拠）、どこに到達するか（主張）が明らかになれば、できあがります。筋が通らないのは、どこか抜けているか、三つがうまくつながっていないのです。

残念ながら、論理的に話のできる人は、どちらかといえば少数派です。多くの人は、そうしようと努めながらも、自分の主張を通すのに都合の良い道筋をつくりがちです。しかも、自分の枠組みのなかで話を組み立てるために、無意識のうちに**省略・歪曲・一般化**をしてしまい、他人が聞くと分かりづらくなっています。

そういった点を見つけて、論理の三点セットがつながるように導いてあげるのがファシリテーターの役割です。そうしないと、論理的に話せる人の意見ばかり通ることになり、せっかく集まった意味が薄れてしまいます。

ただし、「論理的でない」と指摘されて喜ぶ人はいませんから、責める調子になってはいけません。あくまでも足りない部分に気づかせ、自ら補うように持っていくのが賢い方法です。①論点、②主張、③根拠の順で確かめるのが効率的なので、この順番で説明します。

**今話すべき論点に焦点を当てる**

発言を聞いているうちに、「この人は、一体なんの話をしているんだろうか?」という疑問を抱いたら、まず疑うべきは**論点**（イシュー）、すなわち話のテーマです。

**①－1　論点を明らかにする**

知識をひけらかしたいのか、事実や情報だけをくどくどと説明する人がいます。論点が分からないと、どういうスタンスで聞いてよいか分かりません。

M：ウチの会社の女性管理職の比率が同業他社に比べて……。

F：すみません、これからなにについてお話をされようとしているのですか？「女性活用を進めるにはどうしたらよいか？」というお話でしょうか？

**①－2　論点を修正する**

論点がハッキリしていても、今ここで話すべき論点でなければ、聴いても仕方がありません。「論点がズレています」と言うと憤慨する人がいるので、優先順位の話に変えるのが得策です。

M：そうだなあ。とりあえずは営業部がお客様のところに足を運んで……

F：それは「どんな手を打つか？」という話ですよね。今私たちが議論しているのは「なぜ、そうなったか？」です。こちらを先に話してもらえませんか？

ポイントは、話が長くなる前にバッサリと切ることです。早めに切らないと、本人も周囲も論点を忘れてしまって戻れなくなるからです。淡い期待を抱いて放置していると、本人には恥を、周りには迷惑をかけることになります。

それでも脱線を続ける人がいたら、「その話、どうしても今ここでやらないといけませんか？」と尋ねる荒業があります。ズレたまま受け取ってしまった意見は板書にメモだけしておきます。**パーキングロット**（駐車場）に留め置いておくのです。

①－3　論点の妥当性を確かめる

あまり瑣末（さまつ）な論点で話し合うのは時間のムダです。かといっても、答えの出ない大きすぎる論点も考えものです。新たな論点が持ち込まれたときは、今ここで取り扱うべきかどうか吟味する必要があります。なかでも「そもそも論」は要注意です。

M：「そもそも、営業はなんのためにあるのか？」から議論すべきじゃないのか。

F　：その話、今ここでやって決着がつく話なのでしょうか？

### あいまいな主張を明確にする

論点が共有できたら、次にチェックすべきは**主張**（メッセージ）です。あいまいな結論や意味がよくつかめない意見は、議論がかみ合わない原因となります。

②－1　メッセージを明らかにする

会議では、情報のみを提供する解説者、批判ばかりをする評論家、一言付け加えるだけのコメンテーターが出没します。「だから？」をぶつけてメッセージを引っ張り出しましょう。

M　：Aもダメだし、Bも期待ハズレ。Cも出足がとても悪いみたいだよ。
F　：だから、なにをおっしゃりたいのですか？

主張があっても意味がつかみづらいメッセージは、抽象度を動かすと分かりやすくなります。具体的すぎる細かい話は、「要するに（つまり）」を使って一言でまとめてもらうと、本質がつかみやすくなります。これを**抽象化**と呼びます。

M：だから、まず課長から部長を説得してもらって、それから私が現場に……。
F：要するに、なにをしようというのですか？

この反対が、「たとえば」を用いる**具体化**です。抽象的でつかみにくい話を、事例、定量的表現、比喩（メタファ）などを使ってイメージしやすくしてもらいます。

M：もうこうなったら、決死の覚悟で一発ドカンとやってみましょうか。
F：たとえば、どんな作戦をお考えになっているのでしょうか？

**②－2　言葉の定義を明確にする**

戦略、コンセプト、マネジメントといった、普段当たり前に使っているビジネス用語は、人によって意味するものが違うことがよくあります。ましてや、**思考停止ワード**と呼ばれる、耳あたりのよい流行り言葉は「言語明瞭・意味不明瞭」になりがちです。分かりやすく定義し直してもらわないと話がかみ合わないもとになります。

M：イノベーションに向けてのコミットメントこそが競争優位の源泉である。

F：少しかみ砕いて、ご自分なりの言葉で説明してもらえませんか？

推進する、活用する、強化する、充実する、検討する、徹底する、調整する、配慮する、取り組む、図る、といった抽象的な動詞も、できるだけ具体的に表現してもらいましょう。

### ②－3　前提を明らかにする

なにかの意見を主張するには、考えのもとになる情報が必ずあります。背景が分からないと、どういう文脈の話なのか分かりません。あるいは、本人が当たり前だと思い、説明を省いた価値や基準があるかもしれません。前提が省略されると話が理解できません。

M：業績が悪くなったからといって、社員をリストラするなんてとんでもない。

F：なにか過去に経験があるのですか？　それは、「会社は社会の公器である」という前提で話をされておられますか？

### ②―4　論点との整合性を調べる

先走ったり後戻りしたり、人の頭のなかは議論とはお構いなしに進んでいます。そのため、いきなり今の論点とは距離のある話が出て、面食らうことがあります。対処法としては、論点とのつながりを説明してもらってから、扱いを検討するようにします。

M　：ほら、中国でも高齢化が進んでいるというじゃないか。
F　：それは分かりますが、「どうやったら社会に貢献できるか？」という話と、どうつながるのでしょうか？

## 根拠の妥当性をチェックする

論点と主張がそろったら、いよいよ**根拠**です。「すべてのことにはワケがある」と考え、物事を因果（根拠と結論、理由と主張、原因と結果など）でとらえるのが論理思考です。誰もが認める根拠を挙げられるかが、主張の信頼性を左右します。

### ③―1　根拠を提示させる

一番多いのが、意見だけ述べて理由や根拠を提示しない人です。議論とは、根拠の確からしさを競い合うものであり、根拠がないと土俵に上がれません。「なぜ？」の出番となります。

M：新商品を開発するスピードなら、どこの会社にも負けませんよ。

F：なぜ、そのように言い切れるのですか？　どういう基準でそのように判断されたのでしょうか？

### ③－2　事実と意見を切り分ける

根拠は、誰もが認める**客観的**なものでないと説得力がありません。「本当に起こったこと」（事実）か「必ず起こること」（法則・原理）が根拠として優れています。

M：ウチの商品Aに対する顧客満足度は年々低下してきています。まあ、それほど心配要りませんけどね。商品なんてみんなそんなものですから。

F：それって、事実ですか、それとも意見ですか？　一般的に「商品の満足度は時間とともに下がる」という法則が本当にあるのでしょうか？

### ③－3　異なる根拠を求める

根拠をひとつだけ示すよりも、複数挙げたほうが説得力は増します。別の根拠で結論を説明できたり、結論を否定するような根拠が後で見つかることもあります。根拠が弱いと感じたなら、他の理由がないか尋ねてみるとよいでしょう。

Ｍ：きっとみんな疲れているんだよ。でないとあんなミスは起こらないはず。

Ｆ：確かにそうですが、他に根拠として挙げるべきものはありませんか？　なにか構造的な問題が背景にあるとは考えられないでしょうか？

幅広い根拠を網羅的に挙げるには、ヌケモレのない考え方の切り口を持っておかなければなりません。これについては後で述べたいと思います。

### ③－4　不適切な当てはめを防ぐ

根拠があっても、不適切だったり無理があったりすると、筋が通らない話になってしまいます。見過ごすと判断を誤るもとになります。根拠の誤りには多くのパターンがあり、会議で起こりがちなものに絞って紹介します。詳しくは巻末ブックガイドの参考書籍を参照ください。

よくあるのは、妥当性を証明するのに適切でない事例や法則を当てはめているケースです。**論理の飛躍**や**ミスマッチ**がないかチェックする必要があります。

M：それは無理でしょう。先代の社長のときも、そうでしたよ。「仏の顔も三度まで」というじゃないですか。

F：その事例や法則は、この議論に当てはめるべき話なのでしょうか？

### ③―5　過度の一般化を正す

サンプル（事例）を集めて、論理の正しさを証明するやり方があります。ところが、サンプル数が少なすぎたり、都合の良い事例だけ並べたりすると、**過度の一般化**になります。

M：ウチの娘二人に今度のCMを見せたら、これでは女性にはウケないって。

F：それだけのことで、そのように判断できるのですか？

### ③－6　因果関係の取り違えを防ぐ

代表的なものに相関関係と因果関係を混同する**見せかけの因果**、原因と結果を取り違える**因果の逆転**、もっと大きな原因を見落とす**最後の藁**（わら）などがあり、注意が必要です。

M：安売りばかりしているから、商品のイメージが下がるのですよ。

F：商品の悪さが、安売りやイメージダウンを引き起こしているのでは？　見かけの相関関係にだまされていませんか？

誤解があってはいけないのですが、論理的に正しいことが、結論としての正しさを保証するわけではありません。そのほうが「みんなに受け入れられやすい」という話です。あえて、論理的でない道を選ぶというのもひとつの戦略です。王道をいくか、覇道をいくかは、チームが決めればよい話です。

とはいえ、覇道をいく場合でも、王道を分かった上で覚悟を決めてやらないと、単なる無茶になってしまいます。どんな場合でも、一旦は論理的に考えることが欠かせないわけです。

## 2　議論を「見える化」して整理する

### 意見をグループに分ける

一人ひとりの意見の筋道が整理できたら、次はみんなの意見を整理しなければなりません。一〇人いれば一〇通りの意見があります。そこからいきなり結論を導き出すのは難しく、一旦は整理をして全体像をつかむ必要があります。その上で、論点を絞り込んで少しずつ収束をかけていきます。

整理するという行為は、意見だろうがモノだろうがやり方はまったく同じです。たとえば、「机の上を整理せよ」と言われたら、書類、本、文具などをひと塊にして、しかるべき場所に納めていきます。その上で、書類は書類で内容別に分類をしていくのが一般的なやり方です。

整理の基本は**分ける**ことです。とはいえ、私たちの頭はそれほどよくできていません。一〇通りもの意見は覚えきれず、相互の関係もよく分かりません。ところが、大きく二〜三つくらいに分けると、頭に入るようになります。似たようなものを束にして、抽象化したラベルをつけるのです。いわゆる**グループ化**（ブロック化）です。

M：たくさんアイデアが出ましたね。整理するとどうなるでしょうか？

F：そうですねえ。大きく分けると三つくらいになりますかね。ひとつは……

さらに意見が多いときは、机の片づけの例のように、ツリー（ピラミッド）構造をつくると分かりやすくなります。ロジックツリーやマインドマップのような、粗い分類から細かい分類へと枝葉を伸ばしていく図式を頭に描きながら、発言を整理していくのです。そうすれば、抜けている項目や重複している意見に気づくようになります。論理の穴を指摘して、合理的な議論になるようにするのも、ファシリテーターの大切な役割です。フレームワークを使うとやりやすくなります。詳細は後で述べます。

F：顧客、株主、従業員の視点での意見は出ているのですが、協力会社さんの視点で考えなくても大丈夫でしょうか？

また、階層的に議論が整理できれば、個々の意見の位置づけが明らかになり、かみ合わせがしやすくなります。

よくあるのが、互いに違う階層（レベル）の話をしてかみ合わない、といったケースです。大づかみのマクロな話をしている人に対して、細かなミクロな話で反論したのでは、どこまでいっても平行線です。物事を大局から考える**演繹的**な思考が強い人と、細かなところから積み上げて**帰納的**な思考が強い人も、すれ違いが起こりやすくなります。

ツリー構造をつくって整理しておけば、互いの意見がどこにあるのか、どの方向から考えていこうとしているのかが一目瞭然になります。なにをどのようにつめていけばよいか、論点が見えてきます。

## 優先順位をつけて絞り込む

整理にはもうひとつのやり方があります。部屋を片づけるときに、要らないモノと要るモノに分け、後者を捨てて（あるいは仕舞いこんで）しまえばスッキリと整理できます。**優先順位**をつけるというのは、議論でも使える整理の常套手段です。

例を挙げると、意見をグループ化したときに、七〜八つの塊になってしまうことがあります。頭に入る限界の数で、もう少し減らしたほうが取り扱いが楽になります。そんなときは、何らかの基準を決めて、優先順位をつけるようにします。検討すべきものと先送りするものに分けるために、予備選抜をかけてしまうのです。

取捨選択の基準は、重要度、効果性、緊急性、新規性、実現性など、都度話し合って決めるしかありません。複数の基準を組み合わせてマトリクスや表で評価する方法もあります（後述）。

いずれにせよ、整理とは、多すぎる要素の数を減らすことに他なりません。そうすれば、複雑なものもシンプルに考えられるようになります。それができるから、人間はどんな複雑な問題でも扱うことができます。これこそ**構造化**が持つ意味です。

「議論がまとめられない」と悩む人がいたら、まずはグループ化と優先順位づけを使って、数を減らすようにしましょう。ある程度絞り込めれば、なにを議論すれば決着がつくか、自ずと浮かび上がってくるはずです。

## 「空中戦」から「地上戦」へ

議論を整理するといっても、よほど地頭が良い人でない限り、言葉のやり取りだけで進める

## 図表 5-2　ファシリテーション・グラフィック

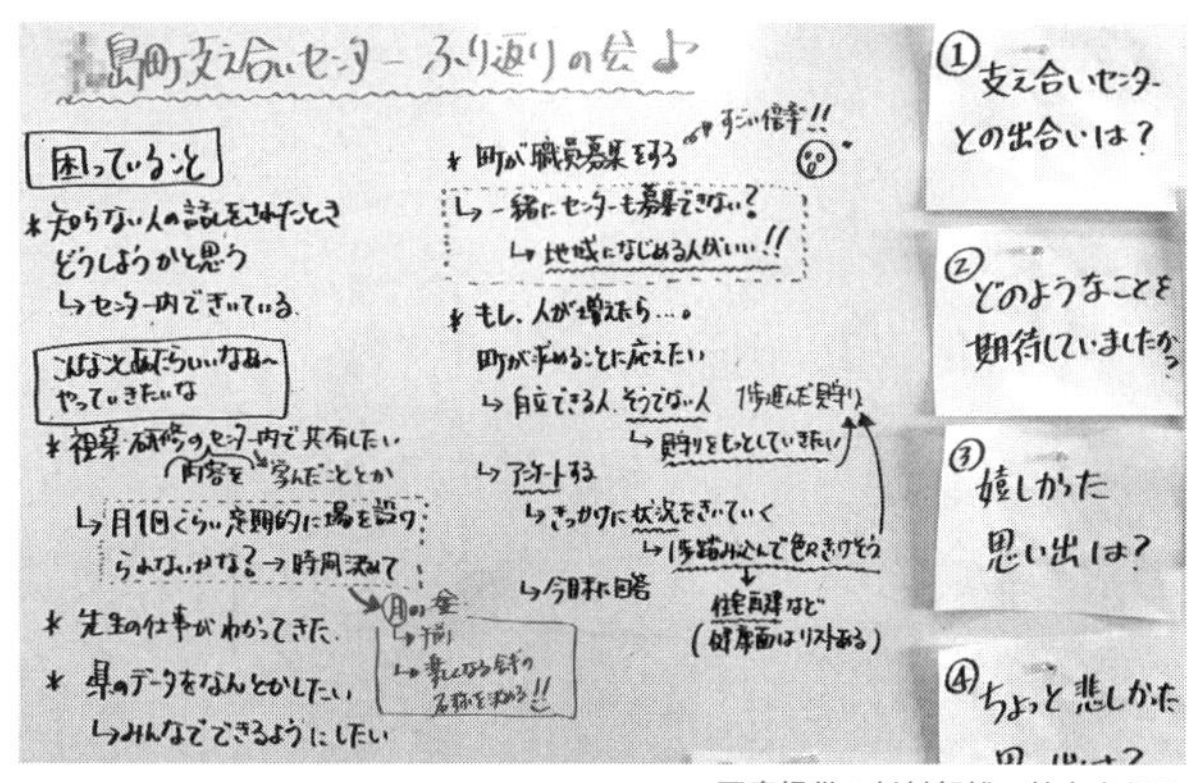


写真提供：杉村郁雄、鈴木まり子

▶ 災害復興支援の応用例です。リスト型の典型で、右に貼り付けてある紙は、論点を提示するのに用いた紙芝居です

のは限界があります。そこで活用したいのがホワイトボードなどへの板書です。発言を一つひとつ描き出し、グループ分けをしたり優先順位づけしたりすれば、簡単に構造化ができます。そのために開発されたのが**ファシリテーション・グラフィック**と呼ばれる技法です（図表5－2）。

　ファシリテーション・グラフィックを一言でいえば「議論を描く技術」です。議論をその場でリアルタイムに**見える化**すれば、舵取りがしやすくなります。言葉が飛び交うだけの「空中戦」を、地に足がついた「地上戦」に変えることができます。

　発言を文字で定着させれば、メッセージが伝わったことが目で確認でき、参加者に安心感を与えます。チームの共通の記録となり、各自でメモを取る必要がなくなるので、議論に注力できます。意見が発言者から切り離され、客観的に眺められるようになり、議論のポイントに意識が集中していきます。結果的にメンバーの参加を促すことにつながります。

さらに、描いたものをもとに話し合えば、意見の反復や堂々巡りの議論を防ぐのに役立ちます。視覚情報が創造力を刺激し、議論に広がりを与えるのにも効果があります。議論が終わった後には、結論やそこに至るプロセスが記録として残ります。会議やワークショップはもちろん、ちょっとした打ち合わせや面談などでも、描きながら話し合うことをお勧めします。

会議では、備えつけの**ホワイトボード**を使うのが便利です。フリップチャートや模造紙を使って壁に貼り出せば、いくらでも板書のスペースが広げられます。大きめの**付箋**やA4のコピー用紙をカード代わりに使う方法もあります。二～三人の打ち合わせであれば、A3のコピー用紙を何枚か並べて議論するのでもよいでしょう。

一方、パソコンとプロジェクタの組み合わせは、ライブ感のある合意形成の会議には不向きです。タイプするスピードが追いつかず、間が悪くなるからです。絵や図解が即座に描けないのも痛いところです。どちらかといえば、練られた提案を審議する同意形成型の会議向きです。

**ファシリテーション・グラフィックの進め方**

ファシリテーション・グラフィックを会議で使う場合には、ホワイトボードに向かってコの字型あるいは扇型に座席を配置します。ファシリテーターはホワイトボードの袖に立ち、発言を受け止めながら記録や整理をしていきます。

単なる記録（**グラフィック・レコーディング**）であれば他の人に任せてもよいのですが、それを使って議論を舵取りするとなると、ひとりで進行と記録を同時にやらざるをえません。分担する場合は、気心が知れた相方にお願いしないと、進行がやりにくくなります。

まずは、全体の構図（レイアウト）を決めます。大まかにふたつのタイプがあり、ロジカルで具体的な内容の話し合いであれば、時系列に箇条書きで描いていく**リスト型**が向いています。議事録のようなフォーマルなイメージの描き方です。

逆に、クリエイティブで抽象的な議論であれば、空間的に分類しながら描き分けていく**マンダラ型**が適しています。中心のテーマから四方八方に意見が広がっていく、マインドマップのような発散するイメージの描き方になります。

いずれの場合も、論点を明記した上で、発言のポイントを記録していきます。短い言葉で要約したり、キーワード（キーフレーズ）を抜き出したりして。長すぎず、かといって原意を損なわないよう短すぎず、瞬時に要領よくまとめる力が必要となります。

ポイントが増えてきたら、整理をしていきます。枠で囲んで塊をつくり、抽象化した言葉でまとめてグループ化をします。重要な内容があれば、色、図形、下線などで強調を施して、優先順位が分かるようにします。その上で、内容同士の関係が把握しやすくなるよう、つながりを矢印で表していきます。矢印の種類と向きで関係の種類、矢印の太さで関係の強さを表すのが一般的な表現方法です。

余裕があれば、吹き出しを使って注釈を加えたり、絵文字やイラストを使って、細かいニュアンスを表します。数値情報も、グラフや図表で表現するとイメージがつかみやすくなります。複雑になりすぎたら、**図解**で整理し直すのが良い方法です。

話し合いが終わったら、結論や合意事項を描き加えて完成です。スマホなどで撮影して、議事メモとして直ちにメールで配信して公開するようにします。オープンにすることで内容を確定させるとともに、関係者にいち早く周知するためです。記録を取っておけば、正式な議事録をつくる際の元ネタとしても活用できます。

## 3　フレームワークで構造化する

### 既存の考え方の枠組みを使う

個人相手にせよチーム相手にせよ、ファシリテーターが議論を整理するのに欠かせないものがあります。考え方の枠組みを表した**フレームワーク**です。

先に、「根拠はヌケモレなく出したほうがよい」という話をしました。考え方の筋道は一本だけとは限りません。どの筋道でも成り立つ考えであれば信用できます。多様な視点で考えれば論理の力は大いに高まります。問題は「どうやったらヌケモレなく出せるか？」です。

一番簡単なのは、相反するふたつの切り口を並べることです。これなら、全体をカバーしつつ、ダブることもありません。ロジカルシンキングでお馴染みの**ミッシー**（MECE：Mutually Exclusive, Collectively Exhaustive）、すなわち「モレなくダブリなく」です。

M　：だから、このシステムを採用すれば効率も満足度も上がるわけだよ。

**図表5-3　フレームワーク**

**2点セット**

| | | |
|---|---|---|
| メリット ⇔ デメリット | 長期 ⇔ 短期 | 理想 ⇔ 現実 |
| ハード ⇔ ソフト | 論理 ⇔ 感情 | 革新 ⇔ 保守 |

**3点セット**

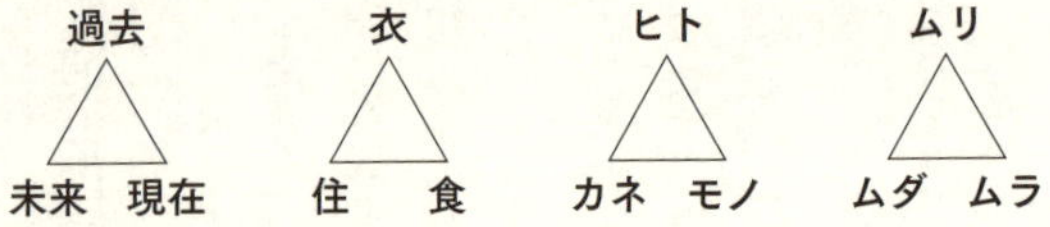

|  |  |  |
|---|---|---|
| 過去 | 未来 | 現在 |
| 衣 | 住 | 食 |
| ヒト | カネ | モノ |
| ムリ | ムダ | ムラ |

**ビジネス・フレームワーク**

3C　SWOT　4P　STP　PDCA　5S　KPT　ABC　GROW　PM

F：メリットは分かるのですが、デメリットは大丈夫ですか？

世の中には、損得や長短といった**二項対立**の図式が山のようにあります（図表5−3）。三〜四つの視点をミッシーに組み合わせたものもたくさんあり、使わない手はありません。

議論を整理するときも同じです。多数の意見を整理するといっても、分ける切り口をまったく新しく考える必要はありません。既存のフレームワークを活用すればよいのです。

M：働き方の問題点がたくさん出たようだけど、どんなのが多いのかな。

Ｆ：ムリ・ムダ・ムラの三つで分けると、分かりやすいんじゃないでしょうか。ざっと見ると、ムダが一番多そうですね。

また、発想の切り口としても使えます。テーマが大きすぎて扱いにくいときに、フレームワークを使って小さく分ければ、考えやすくなります。ひとつずつ順番に発想していけば、ヌケモレなく網羅的にアイデアが出せます。

Ｍ：仕事の効率化のアイデアですか。急に言われても……。

Ｆ：では、ヒト・モノ・カネの三つの観点で考えてみましょうか。まずはヒトから。

**ビジネス・フレームワークの四つの型**

メリット・デメリットやヒト・モノ・カネというのは、テーマを選ばずに汎用的に使える一般的な切り口です。加えて、ビジネス（経営・仕事・組織）に限って使えるフレームワークがあります。経営学者や経営コンサルタントが、ビジネスを考える上での思考ツールとして提唱してきた**ビジネス・フレームワーク**です。

すべての問題をゼロから考えるのは大仕事です。あらかじめ「こう考えれば分かりやすい」「こう考えると答えが出しやすい」というものが分かっていれば大いに助かります。ビジネス・フレームワークを使えば、個人や集団の思考が加速され、スピーディな問題解決や意思決定ができます。

ビジネス・フレームワークは、必要な視点を漏らさず、網羅的に検討できるようにつくられています。問題に当てはめて考えるだけで、合理的な答えが見つかりやすくなります。グローバルビジネスの共通言語として、世界中の誰とでも同じ土俵で話し合うことができます。ファシリテーションの道具として、これほど使い勝手の良いものはありません。

SWOTや4Pなど、何百種類もあるビジネス・フレームワークですが、カタチで分けると四つに集約されます。それは、物事の関係性を表すのに四通りのやり方があることを意味しています。ここで、四つのパターンの特徴と使い方を簡単に紹介します（図表5－4）ので、さらに学びたい方は拙著『ビジネス・フレームワーク』（日経文庫ビジュアル）をご覧ください。

①モレなくダブリなく整理するツリー型

ロジックツリーのように、物事を大分類（幹）から小分類（枝）へと**主従関係**で整理していくのが**ツリー型**です。世の中で一番よく使われているやり方で、どんなものでもすっきりと整

## 図表 5-4　4つの基本パターン

| タイプ | ツール例 | フレームワーク例 |
|---|---|---|
| **ツリー型**<br>（主従関係） | ●ロジックツリー<br>●意思決定ツリー<br>●特性要因図<br>●マインドマップ | 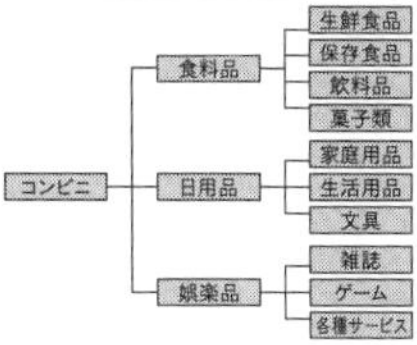 コンビニ<br>食料品：生鮮食品、保存食品、飲料品、菓子類<br>日用品：家庭用品、生活用品、文具<br>娯楽品：雑誌、ゲーム、各種サービス |
| **サークル型**<br>（包含関係） | ●円交差図<br>●集合図（ベン図）<br>●親和図<br>●ピラミッドチャート | 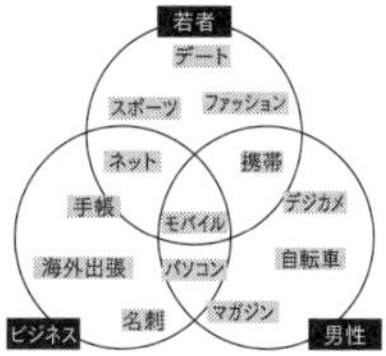 若者 デート スポーツ ファッション ネット 携帯 手帳 モバイル デジカメ 海外出張 パソコン 自転車 名刺 マガジン ビジネス 男性 |
| **フロー型**<br>（因果関係） | ●フローチャート<br>●プロセスマップ<br>●連関図<br>●システム図 | 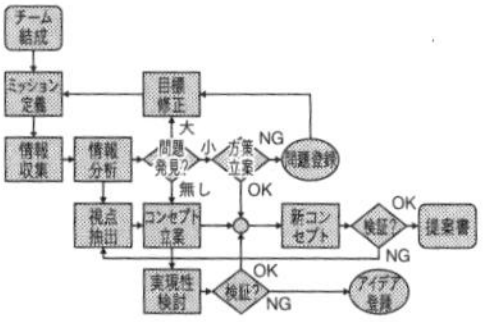 チーム結成 ミッション定義 目標修正 情報収集 情報分析 問題発見? 大 小 無し 方策立案 NG OK 問題登録 視点抽出 コンセプト立案 新コンセプト 検証? OK NG 提案書 実現性検討 検証? OK NG アイデア登録 |
| **マトリクス型**<br>（相関関係） | ●Tチャート<br>●ポジショニングマップ<br>●プロダクトポートフォリオ<br>●意思決定マトリクス | 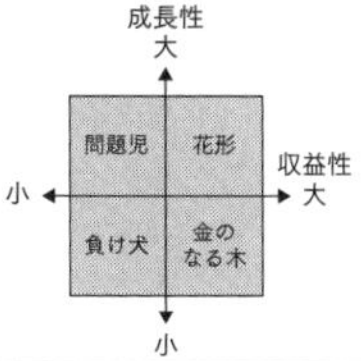 成長性 大 / 小<br>収益性 大 / 小<br>問題児　花形<br>負け犬　金のなる木 |

▶ 4つのパターンは相互に変換でき、組み合わせても使えます。この他にもたくさんのフレームワークがあり、問題に応じて使い分けをしていきます

理できます。ロジックツリーの他に、意思決定ツリー、特性要因図、マインドマップなどが代表的なフレームワークです。

ツリー型で構造化するよさは、網羅的な議論ができることです。たとえば、重大な問題の根源的な原因を見つけ出すには、ありとあらゆる原因を疑ってかからなければなりません。こんなときにモレやダブリがあったのでは、重大な要因を見落とすかもしれません。ツリー型で整理しておくと隙のない議論が展開できます。

また、前に述べたように、レベルの違いでかみ合わない議論を整理するのにも便利です。他のパターンに展開しやすいのも魅力です。構造化する力を高めたい方は、まずはツリー型を徹底的に練習することをお勧めします。

**②重なりが新たな発想を生むサークル型**

複数の要因が入り混じって、単純に区分けができないときに使うのが**サークル型**です。似たような項目を円でひとくくりにして、円の重なり具合で**包含関係**を表現します。円がまったく重ならなければ独立、重なっている場合は交差、大きい円のなかに小さい円が含まれる場合は包含というわけです。フレームワークとしては、円交差図、集合図（ベン図）、親和図、ピラミッドチャートなどが知られています。

サークル型で構造化すると、意見が集中している部分や、まったく意見が出ていない部分がよく分かります。議論が偏っているようなら、空白部分を埋めるように促せば、議論に広がりが出てきます。いくつかの円を重ねることで、思ってもみなかった組み合わせが見つかる場合もあり、ユニークなアイデアを生み出すのにも使えます。さらに、意見の重なり具合が一目で分かり、最大公約数を見つけ出すのにも役に立ちます。

**③複雑なつながりを整理するフロー型**

原因と結果のように、物事が連鎖的につながっている場合には、ツリー型やサークル型では手に負えません。こういう場合には、流れを表す**フロー型**を使わなければいけません。フローチャート、プロセスマップ、連関図などのフレームワークがあり、システム思考は因果ループ図を駆使した問題解決の手法です。いずれも、**因果関係**や時間的な前後関係をもとにして項目同士を矢印でつなぎ、物事のつながりを分かりやすく表現するものです。

フロー型のよさは、物事のプロセスが議論できるようになることです。世の中の多くの問題は相互に関係し合っており、その構造に踏み込まないと本質的な議論になりません。その上で、どこにメスを入れれば最小の努力で最大の効果が得られるのか、**レバレッジポイント**（テコの支点）を探し出すのが、フロー型を使った議論の進め方です。

### ④一刀両断に議論を切るマトリクス型

議論を構造化するのにもっとも強力で、それだけに使い方が難しいのが**マトリクス型**です。多数の要素のなかで、本質的な差異を生み出すもとになっている切り口を見抜き、それを軸にして議論の全体像を整理します。**相関関係**を表すのにも重宝します。大きく分けて表とマップのふたつのタイプがあり、Tチャート、ポジショニングマップ、プロダクト・ポートフォリオ・マネジメント、意思決定マトリクスなどたくさんのフレームワークが開発されています。

マトリクス型は、論点が錯綜している議論で威力を発揮します。混迷する議論が一刀両断のもとに整理でき、一つひとつの切り口にそって議論をつめていけるようになります。一方で、複数の切り口の組み合わせを使って、強制的に意見を出すのにも役に立ちます。

ところが、切れ味が鋭いだけに、行（縦軸）と列（横軸）にどんな切り口を選ぶかによって、スッキリと整理できたり、うまく構造化できなかったりします。軸を見抜く洞察力が必要となるのです。どんな軸を設定するかによって、ある程度議論の方向性が決まってしまい、使い方によってはファシリテーターに都合のよい構図に議論を誘導できてしまいます。チームの納得の上で軸を設定するようにしないと、策におぼれる恐れがあり要注意です。

**型にはめずに、型を使いこなす**

これらのフレームワークをファシリテーション・グラフィックとして使う場合、二通りの方法があります。ひとつは、最初は自由に描いていき、ある程度議論が出尽くしたところで、フレームワークで整理し直すやり方です。もうひとつは、最初からフレームワークを明示して、その枠組みにあわせて発言を引き出していく方法です。

ファシリテーターの力量が高くないときや、テーマに馴染みがないメンバーが多いときは、後者の

COLUMN

## どうやったら板書がうまくなるのか？

一番手軽にできるファシリテーションが板書です。「ちょっとホワイトボードに描いてよいですか？」と言えば、ノーという人はいません。ペンを持てばこっちのもの、その瞬間からファシリテーターになれます。

自信がない方は、TVの討論番組やネットの動画を題材にして、コピー用紙に描く練習をお勧めします。最初は発言をそのまま全部書きます。そうしているうちに面倒になり、適度に要約ができるようになります。

それができたら、もう1色のペンを取り出し、似たような話を囲んで見出しをつけていきます。慣れないうちは、付箋に意見を書き出して、グルーピングするのも良い方法です。付箋がわりにエクセルのセルを活用する方法もあり、何度でもやり直しができるのがありがたいです。

板書でもっとも大切なのが「抽象化能力」です。物事を抽象的にとらえたり、異なる要素の共通項を見つけたりする力です。普段から鍛えておかないと、急には向上しません。

たとえば、発言したり文章を書く際に「要は3つです」と、ポイントを先に出すようにします。英語でいう「So What?（だから何？）」を常に考える習慣が、板書する力を高めてくれます。

ほうがやりやすいかもしれません。反面、予定調和的になってアイデアのふくらみが出ず、型にはめられたと感じる人が出る恐れがあります。

その点、前者のほうがメンバーの力を引き出すのによいのですが、ファシリテーターにはその場で最適なフレームワークを選んで整理してみせる技量と度胸が求められます。フレームワークを頭の引き出しのなかにいっぱいつめておかないとできない芸当です。

いずれにせよ、どのフレームワークを選ぶかで議論の方向性はある程度決まってしまいます。フレームワークの選定に納得感がなければ、腹に落ちた結論になりません。お仕着せにならないよう、必ずチームと相談した上で選ぶようにしましょう。

# 第6章

# 合意形成のスキル
## ——まとめて、分かち合う

## 1 合理的で納得感のある決定をする

### 決め方を決めてから決定する

話し合いの最後は、決定に向けて合意を形成をしていくステップです。ここまで紹介してきたスキルが十分に力を発揮できているという前提で、最後のまとめで必要なスキルについて解説していきます。

その前に誤解がないようにお話ししますが、ファシリテーターが議論をまとめるのではありません。**調停者**や仲介者ではないので、メンバーの意見を調整したり、妥協案を斡旋したりする必要はありません。意見を「まとまるようにする」のが仕事です。あくまでも、チームが自律的に意思決定できるよう、プロセスへ働きかけていきます。

なかでも重要なのが、決め方を決めることです。決め方を決めずに議論をしても、決まるわけがありません。

そういう意味では、最後にリーダー（もしくは一番の利害関係者など）が決定するやり方は、責任の所在も明らかであり、分かりやすい方法です。ところが、答えの質は決裁者の力量に依存してしまい、いつも正しい判断が下されるとは限りません。議論を尽くしてから決断を求めないと、独断専行になって納得感も高まりません。

そこでよく取られるのが集団で意思決定する方法です。大きく三通りのやり方があり、メンバーと相談しながら決め方を決めるようにしましょう。

## 意思決定で用いるフレームワーク

決め方の一つ目は、問題解決に**最適**な答えを結論にする方法です。そのときに用いる手法がいくつかあります（図表6－1）。

①メリット・デメリット法（プロコン表）

複数の選択肢を並べて、それぞれのメリットとデメリットを列挙し、メリットが一番大きくてデメリットが一番小さい案を選び取るものです。一番単純な方法であり、選択肢が少ないときや、メリット・デメリットが直観的に理解しやすいときに適しています。長所と短所、機会とリスクなど、二項対立の図式であればなににでも使えます。

## 図表 6-1　合理的な意思決定法

●メリット・デメリット法

| | メリット | デメリット |
|---|---|---|
| A案 | ①<br>②<br>③ | ①<br>②<br>③ |
| B案 | ①<br>②<br>③ | ①<br>②<br>③ |

●ペイオフマトリクス

| | 遂行が容易 | 遂行が困難 |
|---|---|---|
| 効果小 | すぐできる | 時間のムダ |
| 効果大 | ボーナスチャンス | 努力が必要 |

●意思決定マトリクス

| ウェイト（重み） | 収益性 ×3.5 | 実現性 ×2.0 | 成長性 ×2.5 | 親和性 ×1.0 | 波及効果 ×1.0 | 合計 |
|---|---|---|---|---|---|---|
| アイデアA | 10 | 7 | 1 | 5 | 3 | 59.5 |
| アイデアB | 1 | 5 | 1 | 3 | 10 | 29.0 |
| アイデアC | 5 | 1 | 7 | 1 | 7 | 45.0 |
| アイデアD | 1 | 10 | 3 | 7 | 1 | 39.0 |

②ペイオフマトリクス

問題解決型の話し合いでよく使われる方法です。アイデアがたくさん出てきたときに、実現性（遂行が簡単⇔難しい）と効果性（効果が大きい⇔小さい）の2×2のマトリクスで分類します。もっとも望ましいのは、遂行が簡単で効果が大きいものであり、お得なアイデア（ボーナスチャンス）として採用します。軸の取り方は、投資と収益、コストとパフォーマンスなど、テーマに応じて工夫をするとよいでしょう。

③意思決定マトリクス

ペイオフマトリクスでは評価項目が

足りないときに使います。最初に、収益性、実現性、成長性など、いくつかの評価項目を設定し、それぞれの重要度に応じてウェイト（重み）をつけます。次に、評価項目にそって一つひとつの選択肢を採点していき、ウェイトと掛け合わせていきます。その総和が一番大きい案がもっとも優秀な選択肢となります。

④イーブンスワップ法

評価項目が多数あり、各々の評価基準がバラバラなときに便利な方法です。たとえば、二〇〇〇ccで一八〇〇万円のセダンと二五〇〇ccで二五〇〇万円のワゴンのどちらかを選ぶとしましょう。このままでは比較しづらいので、セダンを二五〇〇ccに置き換えた場合の価格を二二五万円とはじき出します。こうすれば、排気量は評価項目から除外でき、価格だけで優劣が比較できます。評価項目がどれだけあっても、これを繰り返せば意思決定が単純化できます。

## 合理的な意思決定の落とし穴

これらの方法で優れた決定ができる理由は、**選択肢**と**選択基準**にあります。

ひとつの案の採否を決めるやり方では、あまり良い意思決定ができないことが知られています。高価な買い物をイメージすれば理由は分かります。複数の候補を相互に比較するからこそ、検討の質が上がります。選択肢がひとつでは選びようがなく、自分で選ぶからこそ納得感も高まります。対案があることは、合理的な意思決定に欠かせない要素です。

しかも、メンバーが選択基準に納得していれば、最終的な結論に対して文句をつけようがありません。選んだ根拠がハッキリしており、人にも理由が説明しやすく、後で振り返りができるのもメリットです。組織の重要な意思決定には理想的な方法といえます。

ところが、意外に評価者の心理状態に左右されやすく、気分によって結果にバラツキが出てしまいます。合理的な決定といっても、フレーミング、アンカリング、サンクコスト、損失回避といった、人間の心理的な癖である**バイアス**までは防ぐことはできません。したがって、圧倒的な評価の差が出ないときに、これらの方法だけで機械的に意思決定するのは危険です。

それに、多数が支持する案が採用されるとは限らず、不採用となった選択肢を支持していた人たちが、実行段階で非協力的になる恐れがあります。誰もやるつもりのない案や、現実離れした優等生的なアイデアが選ばれたのでは、結局実行されずに終わってしまいます。企画段階（机上）で最適な答えと、実行段階（現場）で最適な答えは必ずしも一致しないのです。

最善の案でなくても、チームが本気になって取り組めば、予想を超えた成果が得られるかもしれません。とことん合理的に選択肢を評価した後で、最後に腹をくくってひとつを選ぶのは、話し合いで決めるしかありません。意思のない意思決定は意思決定ではないことを忘れないようにしましょう。

## 多数決を予備選抜に使う

二つ目の決め方は**多数決**です。ビジネスにはあまり馴染みがありませんが、社会的な合意形成でよく使われる方法です。メリットは、全員が平等に意思決定に参加でき、民主的に決められることです。ところが、最良の答えが選ばれるとは限らず、全員の総意で間違った答えを選ぶ可能性もあります。

ですので、多数決は最終的な意思決定ではなく、選択肢の絞り込みに使うのが無難なところです。どうしても最後の意思決定に使わなければいけない場合には、その前に熟議を尽くし、少数意見を多数意見に盛り込み、選択肢を十分に練り上げておく必要があります。その上で、必要悪として多数決を使うようにしましょう。

ここで紹介するのは、いずれも多数決を使って選択肢を絞り込む技法です。どの手法も、単純に多数決で絞り込むのではなく、重要な判断は発案者の同意やチームのコンセンサスが必要になっています。多数決の弊害が少しでも減らせるような工夫がされているのです。

①多重投票法

ひとりが複数の票を持った多数決です。新規性、効果性、実現性など、各票に意味を持たせて投票することもできます。得票数の少ないアイデアはメンバーの合意を得た上で除外します。この作業を繰り返してアイデアの数を減らしていき、最後に得票が集中したアイデアがあれば、それが最良のものかどうかを議論した上で採否を決めます。複数が横並びのときは、賛成・反対を議論した上で、多数決ではなく全員のコンセンサスでどれかを選びます。

②ノミナル・グループ・プロセス

アイデアの優先順位づけに多数決を利用する方法です。最初はブレーンストーミングによってアイデアを出し、それが終わったら一つひとつ吟味した上で、統合できるものはまとめていきます。

次に、各メンバーがアイデアのベスト5を選び、一位：五点、二位：四点というように設定して投票していきます。最後に、各アイデアの得点を合計して、アイデアのベスト5（または10）を選びます。あとは多重投票法と同じで、残ったアイデアをもう一度議論しながら、全員のコンセンサスで最善のものを選びます。

### 満足度が高いコンセンサス法

三つ目が、全員が合い乗りできる案で合意する**コンセンサス法**です。たとえ最適な案でなくても、メンバーの**満足**の総和が最大になれば、決まった後の実行性が高くなります。社会的な合意形成をはじめ、幅広い分野で用いられている方法です。

コンセンサスとは、誰かの案を全員に押しつけたり、集団の力で一部の人に受け入れられない案を強制したりすることではありません。各人にとっては必ずしも最良でなくても、メンバー全員が支持できる案を、チーム全体でつくり出していくのがコンセンサスです。うまくすればチームの相乗効果が発揮され、創造的な案に変身する可能性もあります。

やり方としては、ベースとなる案に他の案を入れ込んでいく、複数案のいいところ取り（または貸し借り）をする、抽象化して上位の概念で統合する、といった方法がよく用いられます。固定概念を打ち破り、目的に対する手段を柔軟に考えることで、統合しやすくなります。

完全な合意が得られず、部分的に合意する、条件つきで合意する、手段では合意できず目的や方針だけ合意する、といった決着の仕方を取る場合もあります。それでも、一定のコンセンサスができれば、なにも決めないよりましです。

理想的に思えるこの方法にも欠点があります。ひとつは、合意形成に時間がかかることです。下手をすると、最後のひとりが同意するまで延々と話し合わないといけません。その人の同意を取るために、他の人が譲歩せざるをえなくなり、**ゴネ得**が発生する恐れがあります。

もうひとつは、合意内容が抽象的になるケースが多く、エッジの立ったシャープな決定にならないことです。意匠デザインのような、斬新さが求められるテーマには、このやり方は向いていません。チームの和を大切にするあまり、**玉虫色**の案で合意したのでは、なんのためにここまで議論したのか分からなくなります

**粘り強く民主的な議論を心がける**

コンセンサスづくりを進める上での留意点があります。なにはともあれ、合理的で民主的な議論を心がけないといけません。情緒に流されず、論理的な議論に努めることがコンセンサスづくりにおいても基本となります。そのため、地位の力を利用したり、メンバー同士で取引をするのは、厳しく戒めなければなりません。

次に、少数派の意見を大切にすることです。多数派は、少数派の意見をよく聴き、決して言い負かそうとしてはいけません。逆に少数派は、衝突を避けようと、意見を取り下げたり、簡単に変えたりしないように。少数派の意見が生きてこそ、本当の意味でのコンセンサスが形成

でき、優れた意思決定ができます。

さらに、全員が納得するアイデアを粘り強く考えることが大切です。先に述べたように、コンセンサスを築き上げるには相当な時間とエネルギーを要します。それが耐えられずに、安易に多数決をしたり、感覚的に決めたりしては元も子もありません。

全員が一致できそうなアイデアが見つかったときでも、他のアイデアを検討もせずに捨てるのは感心しません。さらに磨きがかけられるものはないか、ブラッシュアップを怠らないようにしましょう。

このように、三種類の決め方には良し悪しがあり、状況に応じて使い分けるべきものです。いずれの場合でも、決定のプロセスに納得感がないと、合意事項への信頼が得られません。いかに公平な決定プロセスをつくるか、いかにメンバー自身に柔軟に選択肢を考えさせるか、ファシリテーターの忍耐強い舵取りが鍵となります。

加えて、集団で意思決定を行うと、責任の所在があいまいになりやすくなります。全員のコミットを取りつけておくことを忘れないようにしましょう。

## 2　協調的に対立を解消する

### 多様性が創造性を生み出す

最後の合意形成のステップともなれば**コンフリクト**、すなわち意見の対立や衝突に直面することが多くなります。そこをどう切り抜けるかが、ファシリテーターの腕の見せ所です。やり方を説明する前に、対立は悪いものではない、という話をしておきます。

そもそも、議論には三つの前提があります。一つ目は、参加者一人ひとりが意見を持っていることです。意見がない人や付和雷同の人とは話し合いになりません。二つ目に、その意見が違っていることであり、同じであれば議論する必要がありません。そして三つ目に、各々の意見が変わる可能性があることです。一ミリも変わらないのであれば、力（暴力や権力）による解決にゆだねざるをえなくなります。そうではなく、**言葉による解決**を目指すのが議論です。

対立は議論の大前提であり、なくては困ります。意見が違うからこそ、多面的な角度から物事を検討できます。見解をぶつけ合うことで、より信頼性の高い決定ができます。異なる意見のなかからまったく新しい創造的なアイデアが生まれることもあります。議論の質を高めるのに対立は欠かせず、前向きな対処がファシリテーターに求められます。

どちらかといえば、私たち日本人は対立を扱うのが苦手です。最大の原因は、人と意見の切り分けができないからです。意見が同じ人が仲間であり、意見が異なる人は敵だと考えてしまいます。意見の対立が人間関係の対立に発展し、同じテーブルにつけなくなってしまいます。同調か分裂かしか選択肢がなくなってしまうわけです。

そうではなく、人と意見を切り分けた**健全な対立**をチームに内包させておくことが、集団による問題解決には求められます。そのためには、関係性という名の土台をしっかりつくるのが先決です。異なる意見が安心して語れ、意見が対立しても揺るがないのが本当の信頼関係です。チームづくりをしっかりやることが、人と意見を切り分ける際の近道になります。

## 融通を利かせて折り合いをつける

対立を解消させるためにファシリテーターはどんな貢献ができるか。コンフリクトマネジメント、交渉術、紛争解決学などの知見に基づいて、ポイントを紹介していきましょう。

前提として、本当の意味では「人の意見は変わらない」と思っておいたほうが無難です。なぜかといえば、意見の背景には、その人が抱いている価値観、信念、関心事、すなわち**メンタルモデル**（考え方の枠組み）があるからです。

それは、長年の経験や生まれ育った環境、さまざまな出来事のなかで培ってきたものであり、人から指摘されたからといって、簡単に手放せるものではありません。その人らしさを形づくっているものでもあり、無理に変えようとすると大きな抵抗や不安を生んでしまいます。

メンタルモデルそのものが悪いのではありません。それにとらわれてしまい、「融通が利かない」のが悪いのです。いついかなる場合でも一〇〇％そうでなければいけない、ビタ一文まけられないとなると、どんな凄腕のファシリテーターでも合意形成に持ち込めません。

大切なのは、「折り合いをつける」ことです。互いのメンタルモデルは尊重しつつ、問題解決のためにあえて少しだけ緩めてみる。原理を戦わせるのではなく、程度を議論する。そのようにリードしていくのが対立解消のファシリテーションの基本的なアプローチとなります。

**ステップ1　相互理解を促進する**

話を単純化するために、二者の意見が対立していると仮定して説明をします（図表6－2）。最初にファシリテーターがやらないといけないのが、相互理解を促進することです。

## 図表6-2　対立解消の流れ

**❶互いの主張（メッセージ）や欲求（ニーズ）を正しく理解する**
ホンネや背景・経験を分かち合い、
共感することが大切

**本当の欲求を見つけ出す**

**❷両者が一致できる目的や関心事（イシュー）を見つける**
「解けない問題」を「解ける問題」に
再構築する

**土俵を広げる**

**❸対立を解消する代替案（オプション）を柔軟に考える**
- **回避的なアプローチ**
  単なる先送りにならないよう、
  戦略的に回避する
- **競合的なアプローチ**
  ヒトとコトを分けて、合理的な基準で主張を分け合う
- **協調的なアプローチ**
  本当の欲求を交換する／本質的な解決策を考える

**思い込みを打ち破る**

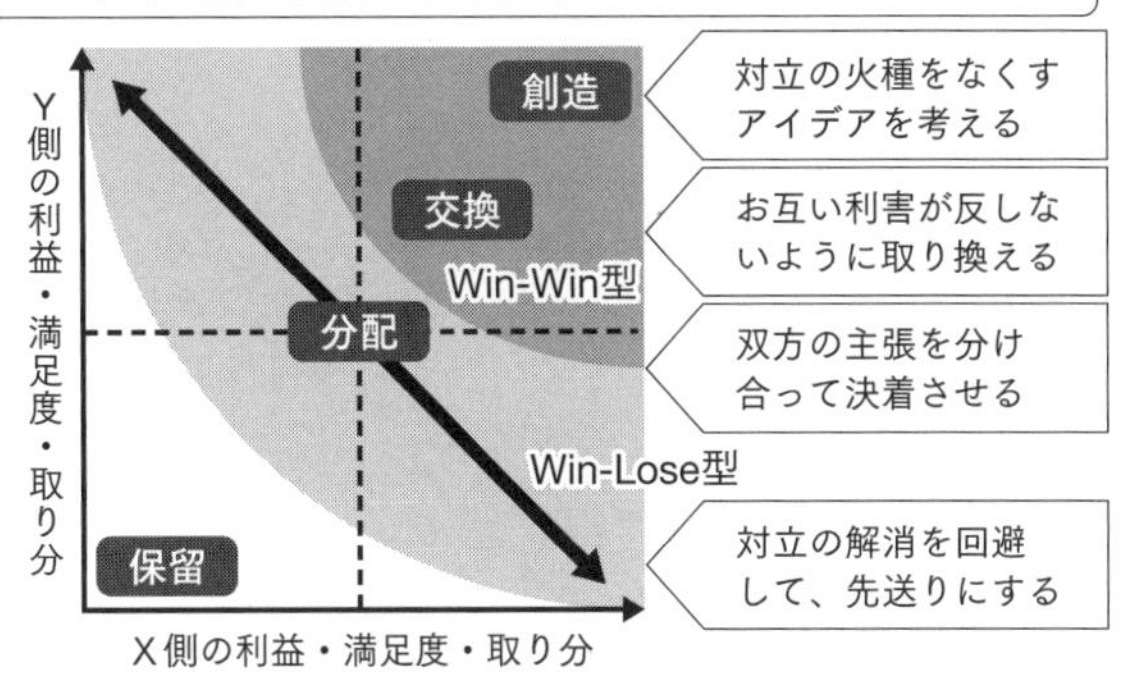


▶ **両者が対立の解消を望み、冷静に話し合えるだけの関係性があるという前提でのやり方です。自尊心など感情面への配慮も忘れないようにしましょう**

意見が対立すると、自分の意見に執着し、相手の意見を傾聴できなくなります。互いの立場や背景の違いに気づかず、自分のメンタルモデルで相手の話を解釈してしまいます。少なからず誤解が生まれてしまうので、まずはそれを解消するところから始めます。

F：なぜ、Aさんはそのように考えるのですか？

F：Aさんは、Bさんのご意見をどのように理解されましたか？

ここで大切なのが、相手の**メッセージ**（言い分）だけではなく、それを通じてなにを達成したいのか、本当の**ニーズ**（欲求）を分かち合うことです。人が抱くニーズには一種の普遍性があり、聴けば誰でも理解できます。ニーズを共有できれば、「心のなかが分かり合えた」という共感の気持ちが芽生えてきます。

F：Aさんが、本当にやりたいこと、こだわっていることはなんでしょうか？

F：もしAさんが、Bさんの立場だったら、なにを願うと思いますか？

言い分が否定されればされるほど、本人はかたくなになります。そうではなく、互いの言い分を尊重するからこそ、融通を利かせて折り合いをつけようと思います。大切なのは、「同意せずに理解する」「譲歩せずに共感する」です。「(各々の立場においては)どちらの言い分も正しい」と分かるところまで持っていくよう全力を注ぐようにします。

**ステップ2　問題を再構築する**

相互理解という名の地ならしができたら、次は本来話し合うべき論点や共通の関心事を見つけ出すようにします。新たな**イシュー**を設定するのです。

チームとは共通の目標を持った集団です。自分の言い分を相手に飲ませることが目標ではチームになりません。一度、「そもそも論」に立ち返り、本来議論すべきテーマを共有する必要があります。「どちらの言い分が正しいか?」が論点では埒があきません。「チームの目標の達成に対してどのような貢献ができるか?」なら合意できる可能性があります。解けない問題を解ける問題に転換する**問題の再構築**が対立解消のターニングポイントとなります。

そのために、互いのニーズの共通項を抽出する、融合させてチームとして一本のニーズにまとめる、双方のニーズの目的を探して上位のニーズを見つけ出す、といった方法が取られます。仮説としてファシリテーターが指摘をする場合もあります。

F：各々が達成したいことをまとめると、共通のニーズはなにになりますか？

F：そもそも、お二人が共通で目指しているのは○○ではないでしょうか？

こういったそもそも論は、ぶつけるタイミングがあります。互いの言い分を出し尽くさないうちに問いかけても心に響きません。「そんなの売上に決まっているじゃないか」といった、紋切り型の意見が出るだけで、腹に落ちたイシューになりません。十分に機が熟するまで待ち、満を持して問題の再構築を仕掛けるようにしましょう。

**ステップ3　代替案を柔軟に考える**

ここまでくれば、後は再構築した問題を解決するアイデアを、互いの言い分は一旦脇において議論することになります。**オプション**（代替案）をできるだけたくさん考え出すのです。「折り合いをつける」といっても、互いに少しずつ歩み寄るのが合意形成ではありません。問題のより良い解決策を一緒につくりあげるのが合意形成です。生まれた解決策が優れているから合意できるわけです。合意できるかどうかは、最後はアイデアにかかってきます。

優れたアイデアを出すための最大の秘訣はたくさん出すことです。選択肢を増やせば、折り合うものが見つかりやすくなります。たくさんのなかから選んだということで、納得感も高まります。アイデアの幅を広げるのがファシリテーターの役割です。

対立解消のアイデアは大きく四種類あります。いずれの場合も、堅い頭を打ち破れるかどうかが、斬新な発想を生み出す鍵になります。

①保留（回避）

平たく言えば先送りです。対立解消を諦め、なにもせずに放置している間に、問題が解決することもあります。環境変化が激しかったり、感情的な対立があったりすると、今決めるよりも後で決めたほうが得な場合もあります。一般的には、放置すると問題が悪化しますが、状況好転の期待があるときに限り、保留もひとつのオプションとして使えます。

②分配

妥協と譲歩を繰り返し、互いのメッセージを分け合う点を見つけ出すのが分配です。勝ち負けをつけることから**Win-Loseアプローチ**と呼び、世間でもっとも多い解消法です。どちらか一方が完全に勝つことはせず、双方譲り合って「痛み分け」にするケースが多くなります。その場合は、取り分を争うよりも、「どんな基準で分け合うのか？」を議論するのがコツです。
分け合うだけなら特段アイデアをひねり出す必要はありません。痛み分けにすれば、それなりの満足感もあります。言い換えれば、双方とも不満足を抱えることになり、対立が他の問題に飛び火して再燃する恐れがあります。そういう意味では、本当の決着はついておらず、両者の関係においては先送りに近いと考えることもできます。

③交換

メッセージではなく、ニーズの両立を目指すのが交換です。たとえば、片方のメッセージを採用した上で、採用されなかったもう片方のニーズを別の手段で満たしてあげれば、双方とも満足ができます。どちらも勝者に導くことから**Win-Winアプローチ**と呼びます。

やり方としては、まずは双方のメッセージやニーズを洗いざらい挙げて、優先順位をつけてもらいます。次に、相手と反しないものは勝ち取り、反しているものは代替案を考え、多くのニーズを満たすことを狙います。ニーズを実現する手段を柔軟に考えられるかどうかが鍵になります。比較的考えやすい上に満足度が高く、一番バランスの良い方法だと言えます。「名を捨て、実を取る」という言葉があるように、プライドなどの感情も交換材料となります。

④創造

一切の制約を取り払い、再構築したイシューの実現だけを考え、対立そのものが起きないようにするやり方です。たとえば、予算の奪い合いで部門同士が対立しているとしたら、予算というパイを広げること（制約の解除）を目指します。究極のWin-Winアプローチです。

そのためには、メンタルモデルを打ち破って発想する創造力が求められます。理想的ではあるものの、実現性が乏しくなることが多くなります。前提となる一切の条件やそこまで積み上げた議論をリセットする勇気と覚悟が求められます。

四つの方法は、どれがベストかは一概に言えず、適宜最適なものを選ぶしかありません。どうしても当事者は②分配の線で議論しがちになります。それを九〇度回転させて交換や創造にも目を向けさせ、考える土俵を広げるのがファシリテーターの大切な役目となります。

といっても、ファシリテーター自身がアイデアを出すわけではありません。それでは納得感が下がる上にメンバーに依存が生まれ、意見の調整役として駆けずり回る羽目にもなります。ファシリテーターができるのは、「○○を実現するには、△△しかないのでしょうか？」と質問することだけです。創造的な問いが創造的なアイデアを生み出してくれます。

## 3　成果を分かち合い学習につなげる

### 合意の確認と行動計画づくり

合意までたどり着ければ、話し合いの目標はほぼ達成できたことになります。しかし、ここで油断をすると、せっかく決めたのに誰も動かない、という事態を招きかねません。

まずは、内容（コンテンツ）に関する成果の共有をします。合意事項を文章にして、全員の目で確認するのが望ましいやり方です。その上で、誰が（Who）、なにを（What）、いつまでにするか（When）、**実行計画**（To Do リスト）をつくります。

さらに、進め方（プロセス）についても、確認を怠ってはいけません。次の話し合いの日時、議題、進め方などを確認し、それまでの宿題や進捗のフォローアップのやり方について決めておくようにします。

私たちの記憶は、時間の経過とともに急速に薄れていきます。これらの作業は必ずその場そのときにやらなければなりません。しかも、ホワイトボードなどに見える化することが大切です。皆の前でオープンにされると、受け入れざるをえなくなるからです。

**議事録**が必要な場合も、なるべく早く（二四時間以内に）出さないと、解釈をめぐって論争が起こりかねません。会議の結論は議事録で確定します。最後のつめを怠ったばかりに、合意事項がうやむやにされたのでは、なんのためにファシリテーションをしてきたか分かりません。議論の経過が一番よく分かっているファシリテーターが書くのが理想的です。

### 次に向けて活動を振り返る

ファシリテーターの仕事はこれでは終わりません。やりっぱなしにせず、次の話し合いに向けて、プロセスの**振り返り**を忘れないようにしましょう。そうしないと、チームもファシリテーターも成長しません。チーム活動を振り返る手法のなかから、比較的応用しやすいものを紹介します（図表6―3）。

①チェックアウト

第3章でアイスブレイクのひとつとしてチェックインを紹介しました。それに対応したのが終了時にやる**チェックアウト**です。全員が一言（三〇秒程度）ずつ、「今日の感想」「今の気持ち」などを順番に語っていきます。会議中は分からなかった心理戦の部分が透けて見え、次回

**図表 6-3　振り返りの手法**

●KPT

| Keep | Try |
|---|---|
| ● 5分前には全員が集まる<br>● ルールを共有しておく<br>● 明るいムードで話し合う | ● 軽くチェックインをやる<br>● 資料は事前配布が原則<br>● 進め方はみんなで決める<br>● To Doの確認をする<br>● 振り返りの時間を持つ |
| **Problem** | |
| ● 情報の共有が不十分<br>● 進め方の納得感がない<br>● 実行責任者が不明確 | |

●体験学習

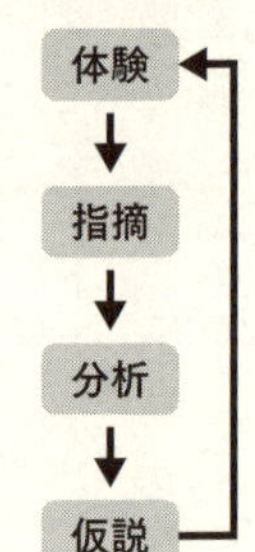


●その他

チェックアウト　プラス／デルタ　ORID
2ストライク1ボール　悪魔の批評

の進め方を考えるのに役立ちます。終わった後の一言は、改善のためのとても貴重な材料になります。時間がないときでも、一部の人の感想を聴いておけば、おおよそ全体像がつかめます。

②KPT

プロジェクトのミーティングなどでよく使われる手法です。まずは、チーム活動のなかで「うまくいったこと」（Keep）を挙げ、ホワイトボードなどに記録します。次に「うまくいかなかったこと」（Problem）を洗い出し、同じように記録します。そして最後に、「やってみたいこと」（Try）を出し合っていきます。

KPTでは、うまくいったことは続け

る、うまくいかなかったことはやり方を変える、まだやってないことをやってみる、と考えてチーム活動を改善していきます。「なぜ、できないのか?」「なにがまずかったのか?」と原因(犯人)探しをやらず、**ポジティブ**に振り返りができるのがこの方法の優れている点です。

**③体験学習の振り返り**

ワークショップなどで本格的に振り返りたいときに使います。大まかなやり方は、体験学習型のプロセス(体験→指摘→分析→仮説)として第3章で紹介しました。ここでは実践のポイントを解説しておきましょう。

よくある失敗のひとつが、話し合いの進め方やチームワークを振り返るはずが、「もっと良い結論があったのではないか?」とコンテンツ(議事)の話をする人が出てしまうことです。会議の延長戦をここでやったのでは意味がありません。なんのために振り返りをするのか、口を酸っぱくして目的を伝えないといけません。

場の安全にも注意を払う必要があります。

四つのステップのなかで、学習の鍵を握っているのが、二番目の「指摘」です。同じ経験をしても、人によって受け取り方が違います。自分が思っていたことと、自分に対して相手が思っていたことにも、少なからずギャップがあります。それこそが学習の最高の素材であり、みんなが素直に語ってくれるかどうかは心理的安全性にかかっています。

## フィードバックが自己成長を生む

振り返りでは、どれだけ良い**フィードバック**がもらえるか、それをどれだけ学習に結びつけられるかが、能力向上の鍵となります。ファシリテーターも、必ずチームからフィードバックをもらって、自分を振り返るようにしましょう。フィードバックこそが自らを育てる糧であり、チームからファシリテーターへの最高の贈り物です。

自分のことはなかなか自分では分かりません。鏡を見ないと自分の姿が分からないように、他人から指摘されないと自分のことには気がつかないものです。ましてや、自分の振る舞いが相手にどんな影響を与えているかは、指摘されないと分かりません。自分を知るためには、他者の存在が欠かせないのです。

良いフィードバックとは、相手の行動や態度を見て思ったことや自分に与えた影響などを、できるだけ具体的に伝えるものです。求められなければ、批評や助言は必要なく、相手の行動をコントロールするようなことを言うべきではありません。フィードバックを受けてどうするかは相手が考えればよい話です。相手を映す鏡として、ありのままを伝えてあげれば、目的は十分に果たすことができます。

　フィードバックの有用性を語るのに、ジョセフ・ラフトとハリー・インガムが考案した**ジョハリの窓**というモデルがあります。

　自分の心のなかを、自分が知っている⇕いない、他人が知っている⇕いないで区分けし、2×2のマトリクスをつくります。そうすると、①開かれた窓、②隠された窓、③気づかない窓、④未知の窓の四つの領域に分かれます。

　積極的に他人に自分を開示すると、①開かれた窓が②隠された窓のほうに広がっていき、他人の反

COLUMN

## 議論が行きづまったら、どうすればよいのか？

　対立がエスカレートしてにっちもさっちもいかなくなってしまった。こんなときは、先に進むのを諦めて、ブレイク（休憩）を入れるのが一番です。クールダウンすれば、「ちょっと言い過ぎたかな」と内省が進みます。緊張を緩めれば「そうか！」とひらめきが訪れることもあります。

　その上で、議論を全員で軽く振り返ってから仕切り直しすると、案外スムーズに進むもの。場所を変えて気分転換するのも良い方法です。ペースを変えれば、こう着状態を抜け出すのに役立つわけです。

　それでもダメなら、話し合いを打ち切り、次回はどのように進めていくか、プロセスを議論することをお勧めします。あわせて、次回までに各々が検討しておくべき宿題を決めるようにしましょう。

　そうすれば、次回の会議にまったく同じ意見を持ってくる人はいません。折り合いをつけるために、多少は譲歩した意見を出さざるをえなくなります。間をおくことで、結果的に合意形成がしやすくなるのです。

　首尾よく合意に至ったら、「あなたのお陰でまとまった」と、譲歩してくれた人の勇気と決断を讃えることをお忘れなく。そうやって、融通を利かせることが善である、という文化をつくるように促すのです。

応から自分に気がつけば、①開かれた窓が③気づかない窓のほうに広がります。つまり自分を開示して、それに対して他人がフィードバックするという好循環が生まれれば、④未知の窓がどんどん小さくなります。それによって、潜在的な自分の能力が開発され、自ら成長を遂げることができるのです。

振り返りはファシリテーターを成長させる絶好の機会です。協働の場をつくるのがファシリテーターなら、自らがつくった協働の場で鍛えられるのもファシリテーターなのです。

# 第7章 ファシリテーションの実践に向けて

# 1　会議を変えれば、組織が変わる

## 硬直化・形骸化した部内会議

本書の仕上げとして、これまで解説してきたスキルを、実際の会議の場にどのように活用していけばよいのかを見ていくことにしましょう。

〈仮想ストーリー〉

営業部長Ａ氏の頭痛のタネは、毎週月曜日の午後に開かれる部内会議です。議長であるＡ部長を中心に、販売、マーケティング、業務、サービスの各セクションを担当する一二人の課長・係長クラスが集まり、現状の問題を共有し、営業部としての取り組みを決定するものです。ところが現実には、各々の進捗状況の報告と目標未達の言い訳をする場になってしまい、なかなか建設的な議論になっていません。

業を煮やしたＡ部長が発言をすればするほど部下は押し黙り、気がつけばいつも彼の独演会になってしまいます。意見が出ないので、A部長が決めた結論が承服されているのかと思ったら、現実は正反対です。部下は面従腹背を決め込み、決定事項が思うように実行されません。仕方なく、また次の週に同じ議論を繰り返すといった状態が続いています。

そんなある日、若手のホープ・F主任が「私に会議のファシリテーターをやらせてもらえませんか?」と言ってきました。なんでも、前に勤めていた外資系企業で相当鍛えられたとのこと。この会社では出番がないと諦めていたところ、風の便りを聞きつけ、助っ人を申し出たというわけです。ファシリテーションという言葉は知っていましたが、実際の場面を見たことのないA部長。「そこまで言うなら、ダメモトで任せてみるか」と腹をくくったのでした。

多くの会議では、決裁者と進行役を同一人物が担い、その人が思い描く結論を追認するだけの**アリバイづくり**の場となっています。しかも、当人は会議を効率的に進めるためのスキルもなければ、問題解決に役立つツールも持ちあわせていません。

大胆にもファシリテーターを買って出たF主任、果たしてA部長の期待に応えることができるのでしょうか。どのようなファシリテーションで会議を導いたかを見ていきましょう。

**会議の空気がいつもと違う**

月曜の午後、三々五々メンバーが会議室にやってくると、いつもと雰囲気が違うことに気がつきました。先週までのロの字型のレイアウトから、机三台を集めてつくった大きなテーブルをみんなで囲む**ラウンドテーブル型**（↓八四ページ）に変わっていたのです。

どこにすわってよいか戸惑うメンバーに、F主任は「お誕生日の順番にすわってください」と陽気に声をかけます。「君は何月？」「君も一〇月だったのか」と楽しく会話がはずみます。一緒に仕事をしていても案外互いのことは知らないもので、それでは一枚岩のチームになれません。F主任が考えた、ちょっとした**アイスブレイク**（↓八五ページ）でした。

全員が着席したところで、まずは**チェックイン**（↓八五ページ）です。「今気になっていることを三〇秒ずつ話してください」と告げたあと、F主任が見本を示します。「実は昨晩、妻が……」とプライベートの話を**カミングアウト**（↓八六ページ）してハードルを下げます。「じゃあ私も」とドンドンぶっちゃけ話が披露されます。一つひとつにF主任が「へえ～」「知らなかった」と**相槌**（↓九七ページ）を返すと、みんなもつられてリアクションを返します。最後はA

部長の意表をつく話にみんな大爆笑。十分に場が暖まったようです。

タイミングよくF主任はみんなの注目をホワイトボードに集めます。そこには、事前に集められた**議題**（↓六五ページ）が一〇個ほど書かれていました。一瞥（いちべつ）した後、「終了時間は一五時です。さあ、今日はどこまでやりますか。まずは**ゴール**（↓六三ページ）を決めましょう」と投げかけました。判断の拠り所として、各々議題の重要度と緊急度を大中小の三段階で評価してみることになりました。

双方とも高い議題は本日中に必ずこなさなければなりません。できればやっつけてしまいたいのが、重要度が高くて緊急度が低い案件です。重要度が低くて緊急度が高い話は部長か担当者に一任、どちらも低いものはメールで相談することにしました。こうして議題が五個まで絞られ、これなら一つひとつを深く検討できそうです。

とはいえ、時間は限られており、「黙っている人は同意とみなす」という**グラウンドルール**（↓六六ページ）をその場で採択しました。さらに、ファシリテーターであるF主任と決裁者であるA部長の**役割分担**（↓**八六ページ**）について話があり、これで準備はOK。「本当にうまくいくのだろうか」とみんな半信半疑のまま、一つ目の議題に入っていきました。

**活発に意見が出る場をつくる**

最初の議題は、協業先から持ちかけられた新たな共同事業の提案です。この件はすでに検討チームのほうで入念につめており、A部長の耳にも入っています。議論の進め方としては**同意形成型**（↓七三ページ）が適しており、F主任からプロセスの説明がありました。叩き台の段階で一度会議にかけており、説明は追加点のみで十分でした。疑問点もおおよそつぶしてあるので、受け入れた場合の**メリット・デメリット**をいきなり議論することにしました。

F主任がホワイトボードの真ん中に線を引いて**プロコン表**（↓一五九ページ）をつくり、「〇」「×」と見出しを描きました。ところが「忌憚なくどうぞ」と言っても意見が出ません。微妙な空気を感じたF主任が「部長がどう考えているか気になるんじゃないですか」と**フィードバック**（↓一〇八ページ）するとメンバーから苦笑が。「残念ながら最後までお預けです。部長には事前にそうお願いしています」と説明があり、もう一度苦笑いが生まれました。

さらに、**同調傾向**（↓九一ページ）を減らすために、「今、直感的に提案を採用か不採用か手の角度で表してください。ハイ、どうぞ」とやると、つられてみんな手を挙げてしまいました。どちらかといえば賛成者が多いようです。さらに、「**付箋**（↓一四四ページ）に描いて貼りますので、感じたことを自由に出してください。メリット・デメリットを区別せずに」と言われると、ようやく意見が出始めました。

ある程度集まったところでホワイトボードを見ると、やはりメリットが多いようです。デメリットを打ち消す修正を盛り込めば、まとまりそうな感じになってきました。軽く**ブレーンストーミング**（→一二〇ページ）をして、いくつか実現可能なアイデアを集めました。

それらを変更点として盛り込んだ上で、最後はA部長に決めてもらいます。言いたいことをグッと抑え、今までじっと議論を見守っていた決裁者の出番です。判定は、採用、不採用、条件付き採用の三択で、保留は禁じ手です。さあ、部長の判定はいかに……。

## ロジカルに問題解決を進める

快調に議題をこなしてきたF主任ですが、いよいよ難敵が現れました。最近、相次いで新人が退職し、それが業務多忙のひとつの原因になっているという問題です。はじめは「根性のない奴だ」くらいに考えていたのですが、連続するとなるとなにか組織的な問題が隠れているのかもしれません。その糸口をつかみたいというのが、議題を出したA部長の思いでした。

**問題解決型**（→七四ページ）のプロセスを使うのがオーソドックスなやり方です。しかしながら、最大でも一時間くらいしか時間が取れず、実行計画まではとても無理です。A部長も入って議論した結果、今日は二つ目の原因分析のステップまで話し合うことにしました。

まずは問題の共有ですが、意外に手間取りました。「ウチだけじゃない」という意見が出て、問題意識の共有ができないのです。F主任は「他の部門のデータはありますか？」「世間並みというのはどこから出た情報でしょうか？」と論理的な議論となるよう**根拠**（↓一三四ページ）を掘り下げていきます。できるだけ事実をベースに話ができるようにしたかったのです。

それでも、あるべき姿、すなわち「退職者をどれくらいまで減らすのか？」のイメージが人によって違います。ゼロにすべきだという意見もあれば、世間並みでよいという考えも。自分の仕事の経験や今の若者に対する認識の違いがあり、**相互理解**（↓一七〇ページ）の橋渡しをしても、対立は収束する気配がありません。

時間も限られており、業を煮やしたF主任が、「どこまで減らすかはともかく、新人がすぐに辞めるような職場の風土は変えなければ、他の問題を引き起こすのではないでしょうか？」と**問題の再構築**（↓一七三ページ）を提案しました。それでようやく、原因探索のステップに進むことができたのです。

最初は、セオリーに従って**ツリー型**（↓一五〇ページ）の代表選手であるロジックツリーで原因を分析し始めました。ところが、要因同士が複雑に関係し合っており、とてもスッキリと整

**図表7-1　連関図を使った分析**

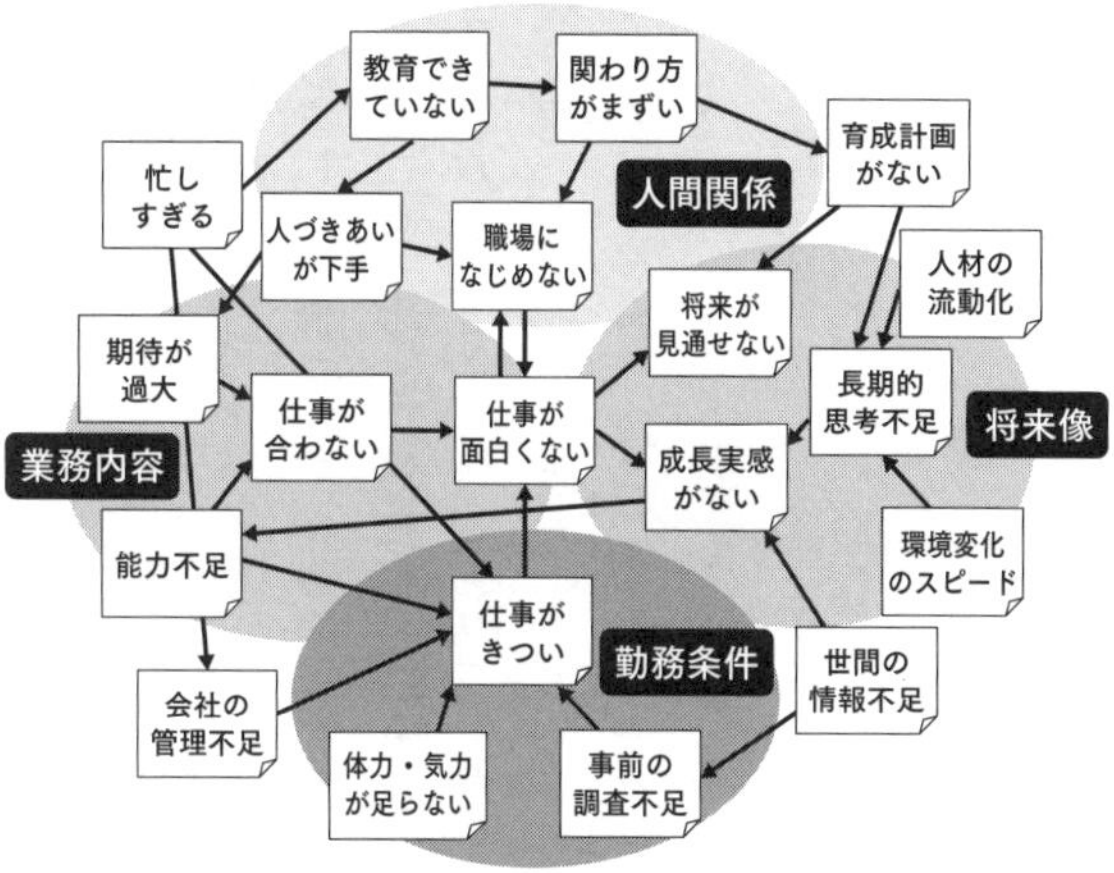

人間関係
教育できていない
関わり方がまずい
育成計画がない
忙しすぎる
人づきあいが下手
職場になじめない
将来像
人材の流動化
将来が見通せない
長期的思考不足
業務内容
期待が過大
仕事が合わない
仕事が面白くない
成長実感がない
能力不足
環境変化のスピード
勤務条件
仕事がきつい
世間の情報不足
会社の管理不足
体力・気力が足らない
事前の調査不足

理できそうにありません。

## 成果をまとめて次につなげる

そう見切ったF主任は、潔く**フロー型**（→一五三ページ）の連関図に切り替えました（図表7―1）。時間はかかりましたが、業務内容、勤務条件、将来像、人間関係の四点において、若手の思いと会社の実情とのミスマッチが起きていることが分かりました。

その背景として、上司も先輩も仕事が忙し過ぎて十分に新人とコミュニケーションが取れていない現実が浮き彫りになり、薄々感じていたことが露（あら）わになった次第です。議論の成り行きを黙って見ていたA

部長の「やっぱり、そうだったのか……」という言葉が印象的でした。

ここまでやって残り時間が五分となりました。続きは次回に回し、本日こなせた議題の合意事項や**実行計画**（↓一七八ページ）を確認して、最後は**チェックアウト**（↓一七九ページ）です。「今日の感想」を一言ずつ話してもらうと、「面白かった」「またやってほしい」という声が多数を占めました。胸をなでおろすと同時に、「これはいける」という感触を得たA部長でした。

なかには「もう少し丁寧にやってもよかったんじゃないか」とファシリテーターへの耳の痛い**フィードバック**（↓一八二ページ）もありました。意見が対立したときに強引にまとめたことを不満に思った人がいたようです。

ファシリテーションに「ここまでやれば終わり」というものはなく、常に「もっとなにをしたらよくなったか？」を考えていくしかありません。今回は合格点をもらったとしても、今後どんな修羅場が待ち受けているか分かりません。さらなる研鑽に向けて決意を新たにしたF主任でした。

## 2　ファシリテーター・マインドを培う

### 当事者として問題に立ち向かう

人と人をつなぎ、みんなの思いをカタチにしていくのがファシリテーターです。「個が輝き、人と人が響き合う」自律分散協調型の社会のなかで、結節点となる役割を果たしていかなければなりません。

そのためには、スキルを身につけるだけでは十分ではありません。なんのためにファシリテーションをするのか、**志**が伴わないと誰もついてきません（図表7－2）。

本文のなかで「ファシリテーターは黒子である」という話をしました。その通りなのですが、志を捨てて無色透明になることだと思ったら、大きな間違いです。中立性を重んじるあまり、傍観者になるのも本末転倒です。高い志を抱き、**当事者**として問題に立ち向かうのが、本来のファシリテーターの姿です。

ときには、筋の通らない理不尽な振る舞いに、敢然と立ち向かわないといけません。民主的

**図表 7-2　ファシリテーターを目指して**

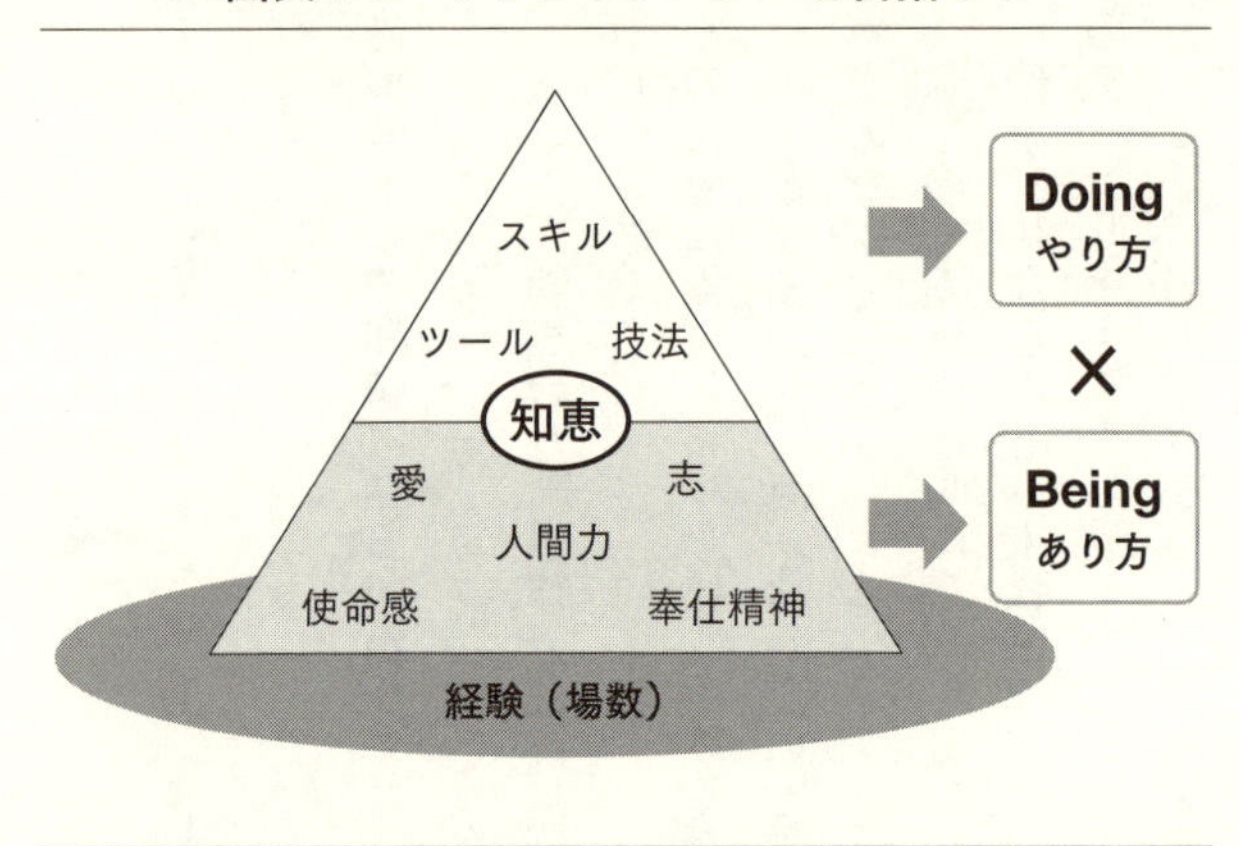


な話し合いを脅かす権力や暴力には、先頭を切って闘わないといけません。その覚悟があってはじめて、みんなが安心・安全に話し合える場ができあがります。

ファシリテーターが持つ使命感や存在感、人や社会への責任感や奉仕精神など、**人間力**としか表現できないものが、場をつくり人の心を動かします。チームの喜びが自分の喜びとなり、大きな愛でチームを包み込めるようになってはじめて、信頼されるファシリテーターとして、組織や社会をリードしていけるようになります。

**勇気を持って一歩踏み出す**

チーム活動の成否はメンバーで大きく左右され、優れたメンバーは優れた場に集まります。場の求心力は、ファシリテーターが掲げる大義（大きな理念やビジョン）や人間的な魅力から生まれてきます。その上で、自らが持つエネルギーを惜しみなく降り注ぐからこそ、協働のダイナミズムを生み出すことができます。

だからといって、最初から人間力で勝負するのは見当違いです。それは、技をとことん磨いていくなかで、**ディープナレッジ**として身についていくものだからです。人間力があっても技術がなければ通用しません。小難しい話をする暇があったら、とことん技を磨い

COLUMN

## ファシリテーション能力を身につけるには？

ある程度の思考力と対人力を身につけている方なら、本書を読んだだけでも実践できるはずです。イメージがわかない方には、２日間程度の体験型の研修をお勧めします。ただし、そこで学んだことを現場でやってみないと、スキルが自分のものになりません。

優れたファシリテーターのパフォーマンスを見るのもよい学びになります。身近に見当たらない場合は、ネット動画を探せば結構見つかります。研修講師やテレビ番組の司会者の振る舞いも参考になります。

さらに、普段の生活の中でスキルを高める方法もあります。たとえば、場を読む力を鍛えたければ、会話や議論をしている様子を観察して、一人ひとりの心の声や相互作用を読み解いてみましょう。

意見を整理する力が弱い方は、「なぜ？」（根拠）「だから？」（結論）「要は？」（抽象化）「たとえば？」（具体化）といったフレーズを、自分や相手に常に問いかければ、自ずと論理力が身についてきます。

そうやって身につけたスキルは、まずは安全な場で試してみるのが得策です。家族やサークル仲間などが相手であれば失敗も許され、歯に衣着せぬ率直なフィードバックがもらえること請け合いです。

て、着実に期待される成果を出すことです。人間力を語るのはその後で十分です。

今の世の中、「こちらに向かうべきだ」「私の言い分が正しい」と自身のコンテンツを声高に主張する人は星の数ほどいます。ところが、それらをつなげてまとめる人がなかなか見当たりません。そのせいで、いつまでたっても困難な問題の解決が進展しません。

ファシリテーターという仕事は、労ばかり多く、思うようにいかないことだらけです。うまくいけばチームの手柄となり、いかなければこちらの力不足にされてしまいます。陽が当たらない、割の合わない務めかもしれません。

しかしながら、自分の持ち場では孤独な戦いであっても、世の中には同じ志を持った仲間がたくさんいます。国際的なファシリテーターのネットワークもあります。よりよい人・組織・社会をつくるために、今ほどファシリテーターが力を発揮するときはありません。

自分がやらなければ誰がやるのでしょうか。今やらなければいつやるのでしょうか。勇気を奮い立たせて、自らの現場に立ち向かいましょう。

# ブックガイド

## ●ファシリテーション全般（第1章）


・堀　公俊『ファシリテーション・ベーシックス』日本経済新聞出版社、二〇一六年
・中野民夫『ワークショップ』（岩波新書）岩波書店、二〇〇一年
・フラン・リース『ファシリテーター型リーダーの時代』プレジデント社、二〇〇二年
・小田理一郎『「学習する組織」入門』（英治出版）、二〇一七年
・フレデリック・ラルー『ティール組織』（英治出版）、二〇一八年
・伊丹敬之『場の論理とマネジメント』東洋経済新報社、二〇〇五年
・デヴィッド・ボーム『ダイアローグ』英治出版、二〇〇七年
・中土井僚『人と組織の問題を劇的に解決するU理論入門』ＰＨＰ研究所、二〇一四年


## ●ファシリテーションの応用（第2章）


・堀　公俊『ワークショップ入門』（日経文庫）日本経済新聞出版社、二〇〇八年

- 堀　公俊、加留部貴行『教育研修ファシリテーター』日本経済新聞出版社、二〇一〇年
- 森　時彦『ザ・ファシリテーター』ダイヤモンド社、二〇〇四年
- 関　尚弘、白川　克『プロジェクトファシリテーション』日本経済新聞出版社、二〇〇九年
- ちょんせいこ『学校が元気になるファシリテーター入門講座』解放出版社、二〇〇九年
- 野村恭彦『イノベーション・ファシリテーター』プレジデント社、二〇一五年
- 山崎　亮『コミュニティデザインの時代』（中公新書）中央公論新社、二〇一二年
- 大橋禅太郎『すごい会議』大和書房、二〇〇五年


## ●場のデザイン（第3章）


- 堀　公俊、加藤　彰『ワークショップ・デザイン』日本経済新聞出版社、二〇〇八年
- 堀　公俊、加藤　彰、加留部貴行『チーム・ビルディング』日本経済新聞出版社、二〇〇七年
- 中野民夫、森　雅浩、鈴木まり子、冨岡　武、大枝奈美『ファシリテーション　実践から学ぶスキルとこころ』岩波書店、二〇〇九年
- 浅海義治　他『参加のデザイン道具箱（ＰＡＲＴ１～４）』世田谷まちづくりセンター、一九九三年～二〇〇二年

●ロバート・チェンバース『参加型ワークショップ入門』明石書店、二〇〇四年
●中村和彦『入門　組織開発』（光文社新書）光文社、二〇一五年
●柴田昌治『なぜ会社は変われないのか』（日経ビジネス人文庫）日本経済新聞出版社、二〇〇三年
●安宅和人『イシューからはじめよ』英治出版、二〇一〇年

## ●対人関係（第4章）

●堀　公俊、加藤　彰『アイデア・イノベーション』日本経済新聞出版社、二〇一二年
●堀　公俊『チーム・ファシリテーション』朝日新聞出版、二〇一〇年
●津村俊充『プロセス・エデュケーション』金子書房、二〇一二年
●星野欣生『人間関係づくりトレーニング』金子書房、二〇〇三年
●E・H・シャイン『プロセス・コンサルテーション』白桃書房、二〇〇二年
●岡本浩一、鎌田晶子『属人思考の心理学』新曜社、二〇〇六年
●ダン・ロススティン、ルース・サンタナ『たった一つを変えるだけ』新評論、二〇一五年
●中原　淳『フィードバック入門』（ＰＨＰビジネス新書）ＰＨＰ研究所、二〇一七年
●安斎勇樹、塩瀬隆之『問いのデザイン』学芸出版社、二〇二〇年

●**構造化（第5章）**

・堀 公俊、加藤 彰『ファシリテーション・グラフィック』日本経済新聞出版社、二〇〇六年
・堀 公俊『ビジネス・フレームワーク』（日経文庫ビジュアル）日本経済新聞出版社、二〇一三年
・デビット・シベット『ビジュアル・ミーティング』朝日新聞出版、二〇一三年
・森 時彦、ファシリテーターの道具箱研究会『ファシリテーターの道具箱』ダイヤモンド社、二〇〇八年
・グロービス、吉田素文『ファシリテーションの教科書』東洋経済新報社、二〇一四年
・船川淳志『ビジネススクールで身につける思考力と対人力』（日経ビジネス人文庫）日本経済新聞出版社、二〇〇二年
・榊巻 亮『世界で一番やさしい会議の教科書』日経BP社、二〇一五年
・前野隆司 他『システム×デザイン思考で世界を変える』日経BP社、二〇一四年

●**合意形成（第6章）**

・堀 公俊、加藤 彰『ディシジョン・メイキング』日本経済新聞出版社、二〇一一年
・堀 公俊『問題解決フレームワーク大全』日本経済新聞出版社、二〇一五年
・野沢聡子『問題解決の交渉学』（PHP新書）PHP研究所、二〇〇四年

●鈴木有香『人と組織を強くする交渉力』自由国民社、二〇〇九年
●中島　一『意思決定入門〈第2版〉』（日経文庫）日本経済新聞出版社、二〇〇九年
●アニータ・ブラウン 他『ワールド・カフェ』ヒューマンバリュー、二〇〇七年
●阿部修士『意思決定の心理学』（講談社選書メチエ）講談社、二〇一七年
●京極　真『信念対立解明アプローチ入門』中央法規出版、二〇一二年

## ま行



## や行



## ら行



## わ行

## た行



## な行



## は行

## さ行

# 索引

著者略歴


**堀 公俊**（ほり・きみとし）

1960年　神戸市生まれ
1984年　大阪大学大学院工学研究科修了
　　　　同年、大手精密機器メーカー入社
2003年　日本ファシリテーション協会設立、初代会長に就任
現　在　堀公俊事務所代表、組織コンサルタント、日本ファシリテーション協会フェロー、大阪大学客員教授（テクノロジー・デザイン論）
著　書　『これからはじめるワークショップ』『ビジュアル ビジネス・フレームワーク』（以上、日経文庫）、『ファシリテーション・グラフィック』『ワークショップ・デザイン』『ロジカル・ディスカッション』『教育研修ファシリテーター』（以上、共著、日本経済新聞出版）、『問題解決ファシリテーター』『組織変革ファシリテーター』（以上、東洋経済新報社）、『オンライン会議の教科書』（朝日新聞出版）など。
連絡先　fzw02642@nifty.ne.jp


**日本ファシリテーション協会**（Facilitators Association of Japan）
ファシリテーションの普及・啓発を目的とした特定非営利活動（NPO）法人。プロフェッショナルからビギナーまで、ビジネス・まちづくり・NPO・教育・環境・医療・福祉・防災など、多彩な分野で活躍するファシリテーターが集まり、ファシリテーションの普及・啓発に向けて、①調査・研究、②教育・普及、③支援・助言、④交流・親睦の4つの事業をおこなっている。
〈Web〉https://www.faj.or.jp/　〈E-Mail〉webmaster@faj.or.jp


日経文庫 1398

**ファシリテーション入門**

2004年7月15日　1版1刷
2018年8月10日　2版1刷
2024年9月26日　　　7刷

著　者　堀 公俊
発行者　中川 ヒロミ
発　行　株式会社日経BP
　　　　日本経済新聞出版
発　売　株式会社日経BPマーケティング
　　　　〒105-8308　東京都港区虎ノ門4-3-12
装幀　next door design
組版　マーリンクレイン
印刷　奥村印刷
製本　大進堂




ISBN978-4-532-11398-8
Printed in Japan